구입 문의 1577-3537
www.niefather.com

초등학생 영역별 필독서 36권 선정(1~3호)
책마다 전체 내용 요약 지문과 심층 질문 7개씩 제시

(주)이태종 NE 논술연구소

토론 논술 감상문까지 OK!

초등학생 문해독서 중급 3호

행복한 논술 편집부 엮음

- 생명, 알면 사랑하게 되지요
- 누군가 나를 지켜보고 있어
- 1+1이 공짜가 아니라고?
- 풀코스 짚문화여행
- 미디어는 왜 중요할까요?
- 세빈아, 오늘은 어떤 법을 만났니?
- 가정 통신문 소동
- 최기봉을 찾아라!
- 소크라테스 아저씨네 축구단
- 해리엇
- 돈키호테
- 수상한 아이가 전학 왔다!

독서를 지도하시는 분
심층 독서가 필요한 학생을 위한 책!

잎싹은 닭장에 갇힌 채 병아리가 될 수 없는 무정란만 낳다가 죽을 운명이다. 그런 잎싹이 알을 품어 병아리를 갖고 싶은 꿈을 꾼다. 꿈을 이루려면 닭장을 나와 수탉과 함께 지내야 한다. 주어진 상황만 놓고 보면 이룰 수 없는 꿈이다. 『마당을 나온 암탉』(황선미 지음, 사계절 펴냄)의 줄거리다.

잎싹은 주인이 주는 먹이를 배불리 먹고 알만 많이 낳으면 된다. 그런데 왜 불가능한 꿈을 꿨을까. 대다수는 주어진 삶에 안주하고 도전하기를 꺼린다. 잎싹의 이러한 모습은 아무런 꿈도 없이 사는 사람들에게 자기 점검의 기회가 된다. 『문해독서』는 '지은이가 왜 주인이 주는 먹이를 배부르게 먹고 알만 낳으면 되는 잎싹에게, 알을 품고 새끼를 키우는 불가능한 꿈을 꾸게 만들었나?'를 묻는다. 도전의 중요성을 일깨우기 위한 질문이다. 불가능을 가능하게 만드는 것이 도전의 힘이다. 인류에게 도전 정신이 없었다면 비행기나 자동차는 지금도 나오지 못했을 것이다. 문제는 도전해서 꿈을 이루는 과정이 험난하다는 데 있다. 꿈을 꾸고 도전하면 온 우주가 돕는다는 말이 있다. 잎싹은 우여곡절 끝에 닭장을 나오는 데까지는 성공한다.

잎싹이 볼 때 이상향이던 마당은 레드오션이다. 마당의 식구들이 잎싹을 받아 주지 않고 냉대한 까닭을 『문해독서』가 물은 이유가 여기에 있다. 꿈을 이루기까지는 현실의 진입 장벽이 너무 높아 좌절이 크다는 사실을 보여 주려는 질문이다. 어느 사회나 기득권층이 있다. 신참자가 등장하면 여지없이 경쟁 의식과 차별을 두려는 특권 의식이 작동한다. 기득권층처럼 지키려고만 들면 문화나 경제 모두 지체 현상이 벌어진다. 『문해독서』는 이러한 사실을 알리기 위해 마당에서 누리는 사람들처럼 자기가 이룰 수 있는 꿈만 꾼다면 사회에 어떤 영향을 미칠지 물어본다.

잎싹은 진입 장벽에 가로막혀 결국 새로운 세상을 개척해야 한다. 아무도 가지 않은 길이어서 이정표도 없고 나침판도 없다. 한 발자국만 잘못 옮겨도 낭떠러지다. 안전한 마당을 떠난 잎싹은, 다른 동물들에게 따돌림을 당하고 족제비에게는 생명의 위협까지 받는다. 그래도 잎싹에게는 자기 꿈대로 살 수 있는 행복이 있다. 『문해독서』는 다시 '닭장에서 사는 암탉', '마당에서 사는 암탉', '마당을 떠난 암탉' 가운데 나라면 어떤 닭이 되어 살고 싶은지 질문한다.

잎싹은 마침내 알을 품어 새 생명을 탄생시키는 꿈을 실현한다. 하지만 스스로 낳은 게 아니라 주인을 잃은 청둥오리의 알이다. 잎싹은 집도 없이 떠돌면서 아기 오리 초록머리를 정성껏 돌봐 멋진 청둥오리로 성장시킨다. 나중에는 초록머리를 야생 청둥오리 무리에게 떠나보낸다. 그 뒤 늙고 지친 잎싹은 족제비에게 잡아먹히고 도전은 끝난다.

잎싹은 꿈을 이룬 것일까. 자신의 꿈을 원래의 설계대로 실현시키는 사람은 드물다. 삶은 정해진 운명대로 가는 것이 아니기 때문이다.『문해독서』는 그 즈음에 '잎싹은 꿈을 이뤘다'는 주제로 찬반 토론을 하도록 제시한다. 토론을 하면서 삶이란 목표를 이루기 위해 도전하는 과정의 연속이며, 결과가 어떠하든 존중을 받아야 한다는 사실을 깨닫도록 하기 위함이다.

잎싹이 초록머리를 청둥오리 무리에게 떠나보냈는데, 초록머리를 보낸 선택이 옳은지 자기 의견을 밝히는 문제도 낸다. 잎싹에게 목숨을 건 도전을 통해 남은 결과물은 초록머리뿐이다. 그런데도 미련 없이 되돌려 준다. 돈이든 지식재산이든 삶에서 얻은 결과물은 마지막까지 소유하고 싶은 욕망을 놓지 못하는 것이 사람의 마음이다. 기득권층이 마당을 끝까지 사수하려고 드는 이유다. 따라서 지속 가능한 삶을 위해 미래 세대에 대한 책임 의식을 심어 주기 위한『문해독서』의 물음인 것이다.

『문해독서』는 결론적으로 '저학년 때는 꿈이 백만 개나 되는데, 고학년이 되면서 한 반에서 셋 중 한 명은 꿈이 없다'는 내용의 신문 기사를 제시한다. 그리고 '어른이 되면 가지고 싶은 직업 또는 이루고 싶은 꿈을 한 가지만 구체적으로 정한 뒤, 지금 어떤 노력을 기울여야 이룰 수 있을지 자신을 점검하라.'고 질문을 맺는다.

『마당을 나온 암탉』은 꿈이 없는 시대를 사는 어린이들에게 가장 소중한 꿈과 도전, 미래 세대에 대한 책임 의식을 불러일으키려고 다뤘다.『문해독서』가 선정한 책들은 이처럼 신문 기사와 접목해 현실에 바탕을 두고 치밀하면서도 융합적 시각으로 접근했기 때문에 독서 토론의 새로운 이정표가 될 수 있다. 예를 들어『흥부전』에서는 노동이 없는 소득에 세금을 많이 부과해야 하는 까닭, 흥부의 다자녀 정신과 노블레스 오블리주 정신이 현대에 필요한 이유, 박을 한 번 타고 그쳤으면 나았을 텐데 마지막 박까지 타서 목숨을 잃을 위기에 빠진 놀부의 투기 심리와 카지노 폐인을 연계한 문제까지 철저하게 경제적 시각에서 조명한다. 각 호에 들어 있는 12권의 책을 이처럼 융합적 방식으로 읽으면 고전을 통해 세상을 보는 지혜의 눈이 뜨일 것이다.

『문해독서』는 초등학생용 시사논술 월간지 '행복한 논술'이 10년 넘게 개발한 신개념 독서 프로그램이다. 이들 책에는 4차 산업혁명 시대의 초등학생이라면 갖춰야 할 다양한 영역의 배경 지식과 지혜가 담겨 있다. 선정한 책마다 독서의 방향성과 지식의 확장성을 뒷받침할 수 있는 전체 내용 요약 지문과 급별로 7~8개의 심층 질문을 제시한다. 마지막 심층 질문은 시사와 연계해 토론과 논술이 가능하도록 해서, 융합적 사고력과 문제 해결 능력을 키울 수 있다. 한 권의 책을 읽어도 뚫어지게 읽으면서 평생의 자양분으로 삼으면 좋겠다.

행복한 논술 편집부

차례 보기

| 과학 | 01 | 『최재천 선생님이 들려주는 생명 이야기 생명, 알면 사랑하게 되지요』
동물도 사람과 같은 생명체다 | 7 |

| | 02 | 『누군가 나를 지켜보고 있어』
스마트 기술의 두 얼굴 | 17 |

| 경제 | 03 | 『생활 속 사례로 생생하게 배우는 경제 1+1이 공짜가 아니라고?』
생활 속 사례로 합리적인 소비 배워요 | 27 |

| 문화 | 04 | 『풀코스 짚문화여행』
짚 문화에 담긴 조상들의 빛나는 지혜 | 37 |

| | 05 | 『미디어는 왜 중요할까요?』
미디어를 올바르게 소비하는 방법 | 47 |

| 기타 | 06 | 『변호사 엄마가 딸에게 들려주는 법과 사회 이야기
세빈아, 오늘은 어떤 법을 만났니?』
법을 지키는 정의로운 사회 만들어요 | 57 |

국내 문학	07	『가정 통신문 소동』 **바람직한 소통 방법을 고민하자**	67
	08	『최기봉을 찾아라』 **선생님의 관심이 학생을 자라게 한다**	77
	09	『소크라테스 아저씨네 축구단』 **축구 통해 지혜와 용기, 절제, 정의 가르쳐**	87
세계 문학	10	『해리엇』 **공동체에서 협력하며 슬기롭게 사는 법**	97
	11	『돈키호테』 **엉뚱하지만 불의에 맞서는 모험 이야기**	107
	12	『수상한 아이가 전학 왔다!』 **평등한 관계 맺기의 소중함 일깨워**	117

답안과 풀이   127

☞ 지침서는 행복한 논술 홈페이지(www.niefather.com) 자료실에서 내려받으실 수 있습니다.

동물도 사람과 같은 생명체다

01 과학

『최재천 선생님이 들려주는 생명 이야기
생명, 알면 사랑하게 되지요』

최재천 지음, 더큰아이 펴냄, 148쪽

 **줄거리**

　열대림에 사는 부시마스터와 전갈, 잎꾼개미, 민벌레 등 동물을 만날 수 있습니다. 부시마스터나 전갈이 징그럽고 무서운 동물이라고 생각하지만, 그들을 자세히 알면 사랑하게 된다고 말합니다. 동물을 사람보다 못하다고 생각해 함부로 대하는 사람들이 있는데, 동물에게도 의사 소통 능력과 생각하는 능력이 있음을 알려 줍니다. 그리고 동물의 행복에도 관심을 갖자고 말합니다.

지구 생물의 60퍼센트 이상이 열대림에 살아

▲잎꾼개미가 나뭇잎을 개미집으로 옮기고 있다. 잎을 모은 뒤, 거기서 자라는 버섯에서 영양분을 얻어서 산다.

(가)열대림은 지구 전체로 보면 2퍼센트도 안 돼요. 그런데 지구 전체 생물 종의 60~75퍼센트가 살고 있어요. 그렇게 덥고 습한 곳에서 식물이 무성하게 자라 숲을 이루고, 온갖 동물이 깃들여 사니, '지구의 생물 백화점'이라고 하기에 부족하지 않습니다. 어려서부터 열대림에 가는 것을 꿈꾸었기에 정글을 탐사하는 동안 큰 감동에 휩싸였어요. 연구소로 돌아오는 길에 잎꾼개미의 행렬을 보았어요. 자연에서 만난 개미의 행렬은 실험실에서 보던 것과는 비교할 수 없을 만큼 아름다웠어요. (30, 35쪽)

동물 보는 즐거움 커서 두려움과 고달픔 사라져

▲부시마스터가 똬리를 틀고 있다.

(나)코스타리카의 라셀바에서는 죽은 나무 껍질을 손톱만큼씩 벗겨 내며 민벌레를 찾다가 몸길이가 3미터나 되는 부시마스터란 독사를 만났어요. 처음에는 무서웠지만 우아하고 세련된 알록달록한 몸 무늬에 매력을 느끼게 되었어요. 특히 똬리를 틀고 앉아 긴 혀를 날름거리는 모습에서는 위협적이면서도 도도한 아름다움을 느꼈어요. 잎꾼개미를 따라다니고 박쥐를 연구하느라 밤잠을 설친 적도 많아요. 하지만 동물을 본다는 즐거움 때문에 두려움이나 고달픔은 아무 문제도 되지 않았어요. (43~44, 67~71쪽)

본문 맛보기

전갈 무서워하다가 새끼 보살피는 모성애에 감동

▲전갈은 새끼를 등에 업고 다니며 보호한다.

(다)어느 날 파나마에 연구하러 온 여학생과 식사를 하는데, 식탁 위에 전갈이 보였어요. 학생은 전갈을 치우라며 소리를 질렀어요. 그런데 열흘 뒤 학생이 바닥에 엎드려서 전갈에게 고깃덩어리를 주고 있었어요. 징그럽지 않냐고 물었더니, 사랑스럽다는 거예요. 가만 보니 전갈의 등에 올망졸망한 작은 전갈들이 있었어요. "세상에 이처럼 지극 정성인 어머니가 또 어디 있겠어요?" 여학생은 전갈의 모성애에 깊이 감동한 듯 보였어요. '알면 사랑한다'는 말은 바로 이런 경우를 두고 하는 말이지요. (72~75쪽)

언어 능력과 생각하는 능력은 동물에게도 있어

▲침팬지는 낚시질을 하듯 나뭇가지를 개미굴에 넣어 개미를 잡아먹는다.

(라)인간은 지능이 높고 다른 동물보다 뛰어나요. 하지만 인간에게만 있다고 여겼던 능력이 다른 동물에게서 발견되는 경우도 있어요. 예를 들어 언어는 인간만이 가진 능력이라고 생각했는데, 꿀벌에게도 춤을 이용한 언어가 있다는 사실이 밝혀졌어요. 제인 구달(1934~)은 침팬지가 나뭇가지를 굴에 넣어 흰개미를 잡아먹는 모습을 처음 관찰했어요. 고래는 다친 동료가 있으면 여러 마리가 둘러싸고 들어 올리듯 떠받치며 보살피고, 그물에 걸린 친구를 구하려고 그물을 물어뜯기도 한답니다. (91~94쪽)

본문 맛보기

굶주린 사슴들은 식물의 싹까지 먹어 치워

▲굶주린 검은꼬리사슴들은 식물의 싹까지 먹어 치워 카이밥고원이 갈수록 황폐해졌다.

(마)1906년 미국의 그랜드캐니언 북쪽에 있는 카이밥고원에는 약 4000마리의 검은꼬리사슴들이 살고 있었어요. 그때 미국에서는 늑대나 코요테가 사람뿐만 아니라 약한 야생 동물에게도 해를 끼친다는 이유로 죽여도 괜찮다고 생각했어요. 그래서 늑대 1800마리와 코요테 2만 3000마리를 잡아 죽였어요. 그런데 포식 동물이 줄자 1923년에는 검은꼬리사슴이 6만~7만 마리까지 늘어났어요. 사슴이 증가하면서 먹이도 부족해졌습니다. 굶주린 사슴들은 식물의 싹까지 먹어 치웠어요. (115~116쪽)

동물 생활 습성에 맞게 동물원 환경 바꿔야

▲동물원에 갇힌 호랑이가 힘없이 엎드려 있다.

(바)동물원의 동물들을 보면 마음 한구석이 무거워요. 구경하러 온 사람들은 즐겁지만, 동물은 하나도 즐거워 보이지 않거든요. 텔레비전에서 보면 눈에서 불이라도 뿜을 듯 용맹스럽던 호랑이가 맥없이 드러누워 잠만 자기 일쑤입니다. 밀림에서는 나무 사이를 오가며 친구들과 시끄럽게 떠드는 원숭이가 동물원에서는 시멘트 기둥만 자꾸 오르락내리락합니다. 무작정 동물원을 없앨 수 없다면 동물의 행복에도 관심을 갖고 동물원의 환경을 바꿔야 합니다. (123~124, 133쪽)

생각이 쑤욱

1 (가)에서 열대림을 왜 '지구의 생물 백화점'이라고 했나요?

▲중남미 열대에 사는 온두라스흰박쥐. 열대림에는 박쥐 외에도 다양한 동식물이 산다.

2 (다)에서 여학생이 전갈을 두려워하다가 나중에 사랑스럽게 느낀 까닭은 무엇인가요?

머리에 쏘옥

열대림에는 어떤 생물이 살까

열대림에는 만지기만 해도 독성이 퍼지는 나무와 덩치가 무지 큰 타란툴라 거미를 먹어 치우는 군대개미 등을 만나는 일이 흔합니다. 사납기로 유명한 육식성 물고기인 피라냐도 살지요. 습지에서는 아나콘다도 볼 수 있답니다. 이 밖에도 지금까지 알려지지 않은 생명체의 절반 정도가 이곳에서 삽니다.

▲몸길이가 3~20센티미터에 이르는 타란툴라 거미.

전갈의 모성애

전갈은 알을 자신의 몸속에서 부화시킨 뒤 밖으로 내보냅니다. 그런 뒤 한동안 자기 새끼들을 자기 등 위에 올려놓은 채 보살핍니다. 갓 태어난 새끼들은 스스로 먹이를 찾아 먹거나 자기를 방어할 능력이 거의 없기 때문이지요.

독이 든 꼬리를 감아 올려서 새끼를 보호하는 모습이 조금은 무섭기도 하지만 강한 모성애를 느낄 수 있습니다.

생각이 쑤욱

3 (다)에서 지은이가 '알면 사랑한다'고 말한 까닭을 (나)에서 사례를 찾아 설명하세요.

▲부시마스터의 몸에 있는 징그러운 무늬도 자꾸 보면 매력을 느끼게 된다.

머리에 쏘옥

'알면 사랑한다'

지은이는 '알면 사랑한다'는 말을 늘 마음에 새기고 산답니다.

사람들이 자연의 모습을 충분히 알고 나면 함부로 대하지 못할 것이라는 믿음 때문입니다. 사람들이 자연을 잘 모르기 때문에 이용만 하려고 든다는 것이죠.

따라서 지구가 사람들만의 것처럼 함부로 대하면 안 됩니다. 동물도 하나밖에 없는 지구를 사람만큼 누릴 권리가 있음을 알아야 합니다.

4 (라)에서 고래들을 보면 동료를 배려하는 마음이 강합니다. 사람들이 고래처럼 배려심이 강하면 우리나라가 어떻게 바뀔지 말해 보세요.

▲참돌고래들이 숨을 거두기 바로 전의 친구를 호흡할 수 있도록 물 위로 밀어 올리고 있다.

생각이 쑥

5 (마)를 참고해 사람에게 해를 끼친다고 야생 동물을 함부로 죽이면 안 되는 까닭을 먹이사슬 관계에서 구체적인 예를 들어 말해 보세요.

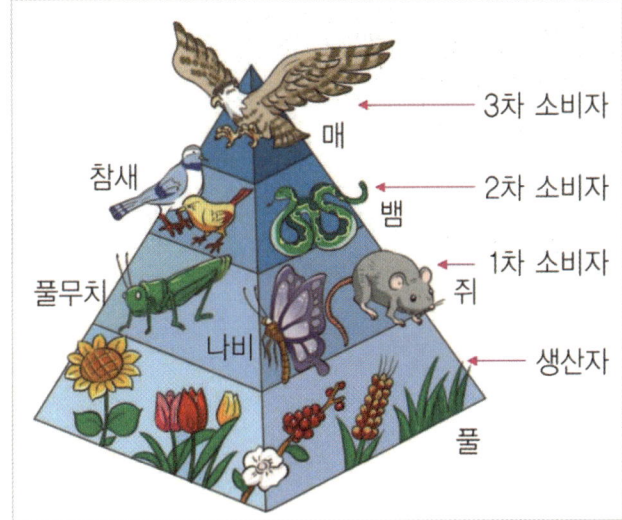

▲먹이사슬 관계가 무너지면 생태계의 균형이 깨진다.

머리에 쏙

그리마를 죽이면 안 되는 까닭

그리마는 여름에 주로 볼 수 있는데, 지네나 노래기처럼 생겼지요. 그래서 해충이라고 생각하기 쉽지만, 알고 보면 사람에게 도움을 줍니다.

3대 해충인 바퀴벌레와 모기, 파리를 잡아먹고 살기 때문이지요. 이들 벌레의 알까지 먹어치운답니다.

이 때문에 그리마가 있는 곳에서는 바퀴벌레와 모기, 파리를 볼 수 없습니다. 그리마가 해충을 열심히 먹어준 덕에 생태계의 균형이 유지되는 셈이죠. 따라서 그리마를 봤을 때는 무작정 죽이려고만 하지 말아야 합니다. 그리마를 죽이면 해충이 늘어날 수도 있기 때문입니다.

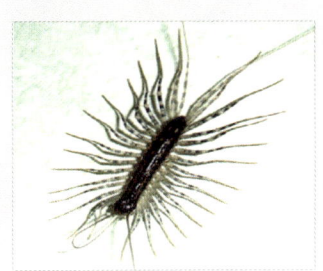

▲그리마는 사람에게 해를 끼치는 바퀴벌레와 모기, 파리를 잡아먹고 산다.

생각이 쑤욱

6 (바)를 참고해 동물원의 환경을 어떻게 바꾸면 동물들이 행복할지 말해 보세요.

▲영국의 중부의 요크셔 지방에 있는 요크셔야생동물공원에 사는 북극곰들. 북극곰은 이곳에서 작은 야생 동물을 잡아먹고, 다이빙을 즐기며 산다.

머리에 쏘옥

'동물의 천국' 영국의 요크셔야생동물공원

요크셔야생동물공원은 영국의 중부 지방에 있습니다. 축구장 50배의 넓이(40만제곱미터)에 숲과 습지, 초원이 자연 그대로 보존돼 있어 동물들의 천국으로 불립니다.

동물에게 야생성을 살리기 위해 넓은 공간에서 기르기 때문에 실제로 동물을 보기는 어렵습니다.

이곳에서는 70여 종 400마리의 동물이 삽니다. 모두 세계의 다른 동물원에서 사정상 키우기 어려워 보낸 동물이랍니다.

2009년 문을 열 때부터 동물을 가두지 않고 야생에서 살 때의 모습 그대로 살 수 있도록 보호하기를 원칙으로 삼았답니다.

생각이 쑤욱

7 동물을 함부로 대하는 사람들에게 그렇게 하면 안 되는 이유를 밝히고, 어떤 마음가짐으로 동물을 대해야 하는지 알려 주세요(300~400자).

휴가철이나 명절 전후로 동물이 가장 많이 버려진다. 버려진 반려견들은 고속도로나 길거리에서 지나가는 차를 하염없이 바라보기도 하고 쫓아 가기도 한다. 유기견들은 주인이 반드시 찾아올 거라 믿으면서 거리 생활을 이어간다. 길에서 시간을 지내다 보면 몇 달 또는 몇 해가 지나가기도 한다. 그 과정에서 차에 치여 죽거나 병에 걸려 고통스럽게 지낸다.

<신문 기사 참조>

▲버려진 개들이 주인이 자기들을 다시 찾아올 거라 믿으며 기다리고 있다.

02 과학

스마트 기술의 두 얼굴

『누군가 나를 지켜보고 있어』

이승민 외 지음, 책속물고기 펴냄, 116쪽

 **줄거리**

　사람이 해수욕장에서 바닷물에 빠지면 드론이 날아와 구명용 튜브를 떨어뜨려 줍니다. 길에서 쓰러진 사람을 발견한 지능형 CCTV(폐쇄회로TV)는, 구급대를 출동시켜 사람을 구합니다. 이처럼 스마트 기술은 생활을 편리하고 안전하게 해 줍니다. 그러나 모르는 사람이 스마트폰을 훔쳐가 해킹 앱을 깔아서 개인 정보를 훔치고, CCTV가 내 생활을 지켜보기도 합니다. 스마트 기술은 이미 생활에 깊이 들어와 있습니다. 스마트 기술을 안전하게 사용하려면 의심 없이 사용했던 스마트 기술의 단점도 생각해야 합니다.

RFID는 편리하지만 사생활 침해 위험 있어

▲교통 카드에도 RFID가 사용된다.

(가) RFID(알에프아이디)는 태그에 저장한 정보를 전파로 주고받는 기술이다. 거리가 떨어져 있어도 통신이 가능해 물품이나 주차 관리, 도서 관리 등에 활용된다. 야생 동물과 반려 동물을 관리하는 데도 쓰인다. 내 건강 정보를 병원으로 보낼 수도 있다. 그러나 RFID 기술에서 가장 걱정되는 일이 사생활 침해 문제다. 태그에 담긴 내 정보를 누가, 언제, 어디서 읽을지 알 수 없기 때문이다. 내가 이동한 장소, 구입한 물건, 나의 건강 상태 같은 개인 정보가 모두 빠져 나갈 수 있다. (28~29쪽)

내가 SNS에 올린 정보가 돈벌이에 쓰여

▲빅데이터를 분석하면 사람들이 무엇을 좋아하는지 알 수 있다.

(나) 페이스북, 인스타그램, 트위터 같은 SNS(사회관계망서비스)와 인터넷에 남긴 정보는 고스란히 데이터로 저장된다. 그리고 인터넷을 켜는 순간 개인 정보가 흘러나가는데, 한번 퍼진 개인 정보는 다시 거둬들일 수 없다. 빅데이터는 인터넷 세상에서 만들어지는 모든 데이터를 말한다. 사람들의 개인 정보와 의견이 담겨 있다. 많은 기업은 빅데이터를 수집하고 분석해서 소비자들에게 맞춤 정보를 제공한다. 편리하기는 하지만, 내가 누군가에게 감시당하고 있다는 뜻이기도 하다. (44~45쪽)

이런 뜻이에요

RFID 전파를 이용해 먼 거리에서도 정보를 인식하는 전자태그 기술.
태그 정보를 검색할 때 사용하려고 부여하는 단어나 키워드.
SNS 어떤 관심이나 활동을 공유하는 사람들 사이의 관계를 이어 주는 온라인 서비스.

 본문 맛보기

GPS 이용하면 다른 사람 위치도 알 수 있어

(다)GPS(지피에스)는 내가 어디에 있는지 지구 밖에서 콕 집어 위치를 알려 주는 기술이다. GPS를 이용하면 낯선 곳에서도 내 위치를 바로 확인할 수 있고, 어디든 정확하게 찾아갈 수 있다. 범죄자의 위치를 확인해 시민을 안전하게 보호할 수도 있다. 그러나 다른 사람이 어디에 살며 어디로 이동하고 어디에 자주 머무는지도 알 수 있다. GPS를 해킹해 배나 비행기를 마음대로 조종할 수도 있다. GPS가 개인의 권리를 침해하지 않으면서도 편리함을 누릴 방법도 함께 마련해야 한다. (69~71, 77쪽)

▲GPS를 사용하면 자신의 위치를 알 수 있을 뿐 아니라, 주변의 정보를 제공받을 수도 있다.

CCTV 등 스마트 기술이 '감시 사회' 만들어

(라)스마트 기술은 세상을 감시 사회로 만들었다. CCTV는 '폐쇄회로 텔레비전'이라는 뜻으로, 연결해 놓은 곳에서만 볼 수 있는 TV를 말한다. 범죄나 사고를 막기 위해 은행, 아파트, 공원, 가게 등에 설치된다. 홍수나 산사태 같은 자연 재해와 자동차 사고, 범죄 현장을 목격하면 자동으로 관리자에게 알리는 CCTV도 있다. 하지만 본인이 모르는 사이에 얼굴이 찍히는 사생활 침해 가능성이 있고, 해킹에 악용될 수 있다. 직장에서 직원을 감시하는 데 쓰이면 인권 침해가 우려된다. (56~57쪽)

▲CCTV는 범죄와 사고를 막기 위해 건널목과 골목길 등 사고가 일어나기 쉬운 곳에도 설치한다.

이런 뜻이에요

GPS 인공위성에서 보내는 신호를 받아 사용자의 현재 위치를 계산하는 시스템. 항공기, 선박, 자동차 등의 내비게이션 장치에 주로 쓰인다.

안전 사고 감시하는 드론이 사생활 훔쳐볼 수도

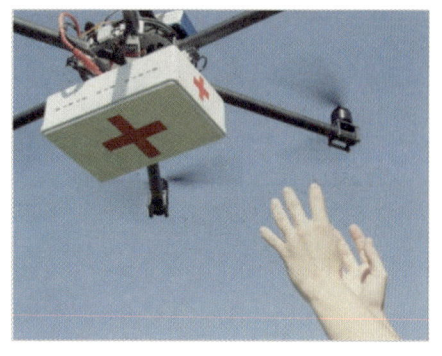
▲드론은 접근이 어려운 곳에 있는 사람들에게 의약품을 전달할 수도 있다.

(마)드론은 무선으로 조종하는 무인 비행기다. 사람이 타지 않고도 자유롭게 비행할 수 있어 위험한 재난 현장을 조사하거나 산불 또는 해수욕장의 안전 사고를 예방하는 데도 쓰인다. 교통이 불편한 지역에 물건을 배달하고 사람 대신 농약을 뿌리는 등 실생활에도 요긴하게 쓰인다. 그러나 드론 기술이 발전하면서 드론을 이용한 테러를 걱정하거나, 드론이 비행하다 떨어져서 생기는 사고를 걱정하는 사람이 늘었다. 하늘을 날아다니는 촬영용 드론의 사생활 침해를 우려하는 목소리도 높다. (78~79쪽)

사물 인터넷으로 집안 가전제품 외부서 작동

▲사물 인터넷으로 집의 전자 기기들을 언제 어디서나 제어할 수 있다.

(바)사물 인터넷은 사물에 인터넷을 연결해 멀리서도 제어할 수 있는 시스템을 말한다. 특히 스마트 홈은 집에 있는 가전제품을 인터넷으로 연결해 사용하는 시스템이다. 수도와 전기, 냉난방 등을 집 밖에서도 제어할 수 있다. 또 사물에 단 센서를 통해 이용자들의 습관을 분석해 이용자들에게 맞춰서 작동할 수 있다. 문제는 인터넷에 연결된 시스템의 특성상 해킹의 위험이 높다는 데 있다. 다른 사람이 집 밖에서 각종 가전제품과 냉난방 기기를 마음대로 작동시키면 화재와 같은 큰 사고로 이어질 수 있다. (114~115쪽)

생각이 쑤욱

1 (가)~(바)에 소개된 아래 표의 스마트 기술을 각각 한 문장으로 소개하세요.

스마트 기술	설명
RFID	태그에 저장한 정보를 전파로 주고받는 기술이다.
빅데이터	
GPS	
CCTV	
드론	
사물 인터넷	

2 (가)에서 개인 정보가 빠져 나가 나쁘게 사용되면 어떤 문제가 생길지 아는 대로 들어보세요.

▲신용카드 번호나 은행 계좌의 비밀번호가 빠져 나가면 재산을 잃는다.

머리에 쏘옥

개인 정보가 유출되면 당할 수 있는 피해

▲SNS나 전자우편 등의 비밀번호를 자주 바꾸고 어렵게 설정해야 개인 정보 유출을 막을 수 있다.

개인 정보에는 이름, 주민등록번호, 주소, 전화번호, 생년월일, 직업, 학교 성적, 신용카드 번호, 전자우편 주소, 전화 통화 내역 등이 있습니다.

개인 정보가 인터넷에 유출되면 사생활을 침해 받을 수 있습니다. 전에는 유명한 사람의 개인 정보 유출이 많았다면, 요즘에는 일반인의 개인 정보가 많이 새 나가면서 사회 문제가 되고 있습니다.

개인 정보가 새 나가면 경제적인 손해를 볼 수도 있습니다. 오늘날에는 인터넷으로 은행 거래를 자주 하기 때문에 계좌번호나 신용카드 번호 등이 유출되면 피해가 크지요. 유출된 개인 정보가 범죄에 악용될 수도 있습니다.

생각이 쏙쏙

3 (나)를 참고해 국가에서 빅데이터를 활용해서 사람들의 생활을 편리하게 할 수 있는 아이디어를 세 가지 이상 제시하세요.

☞ 살충제나 모기퇴치제를 많이 사는 지역에 방역팀을 보내 소독 작업을 할 수 있습니다.

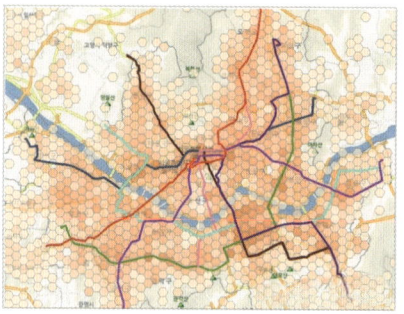

▲빅데이터로 사람들이 주로 모이는 지역을 조사해 나타낸 서울시 지도. 색깔이 붉은 색에 가까울수록 사람들이 많이 모이는 곳이다.

4 스마트 기술이 발전하면서 새로 생길 수 있는 직업을 구체적으로 예를 두 가지만 들고, 어떤 능력을 갖추어야 할지 말해 보세요.

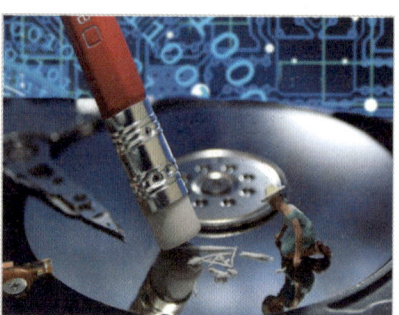

▲디지털 장의사는 개인이 원하지 않는 인터넷 기록이나, 죽은 사람의 인터넷 흔적을 지워 주는 직업이다.

머리에 쏙쏙

빅데이터를 활용한 성공 사례

빅데이터를 이용해 사람들의 생활을 편리하게 한 사례 가운데 하나로, 서울시의 올빼미 심야 버스가 꼽힙니다.

밤이 늦으면 버스와 지하철이 끊기므로 늦게 귀가하는 사람들이 불편합니다. 이 문제를 해결하려고 심야 버스가 운행되지요. 낮 시간에 다니는 버스와 달리, 이용객이 많지 않으므로 노선을 효과적으로 정해 운영해야 합니다.

서울시는 이 문제를 해결하는 데 빅데이터를 활용했습니다. 시 전체를 1킬로미터 단위의 구역으로 나누고, 심야 시간에 이뤄지는 30억 건의 통화량을 분석해 사람들이 많이 모이는 곳과 요일을 정리했지요. 그리고 이 빅데이터를 바탕으로 심야 버스를 운영한 뒤, 부족한 점을 보완해 버스 노선과 요일별 운행 시간을 정했습니다. 서울시는 현재 밤 12시부터 새벽 5시까지 심야 버스를 운행합니다.

▲서울시는 빅데이터를 활용해 심야 버스의 노선과 운행 시간을 정했다.

생각이 쑥쑥

5 우리 집 전기제품들을 사물 인터넷으로 연결했을 경우 변화된 나의 하루를 일기로 써 보세요.

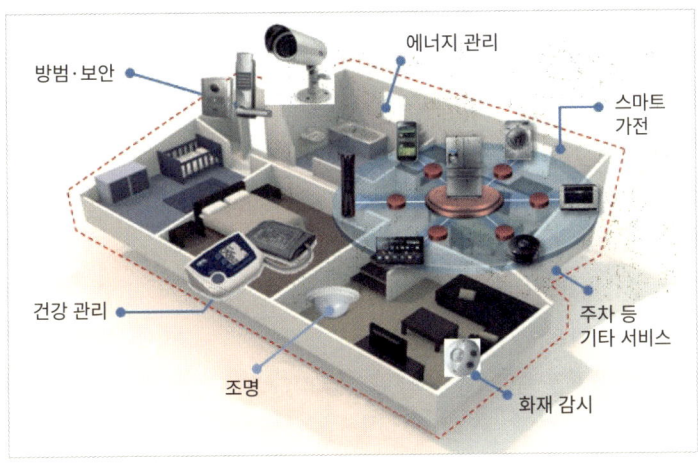

▲사물 인터넷으로 집의 전자 기기를 연결하면, 기기끼리 서로 정보를 주고받을 수 있기 때문에 외부에서도 기기를 켜고 끌 수 있다.

머리에 쏘옥

사물 인터넷의 편리성

사물 인터넷은 인터넷에 연결된 전자 기기들이 사람의 개입이 없어도 실시간으로 서로 정보를 주고받아 처리하는 시스템입니다.

사물 인터넷의 예는 다양합니다. 아빠가 자동차를 운전할 때 열쇠를 꽂지 않아도 시동을 걸 수 있는 스마트 키, 칫솔질 횟수나 시간이 스마트폰에 기록되는 스마트 칫솔, 빈 공간을 탐지해 오늘 사야 할 먹거리를 알려 주는 냉장고 등 어디서든 찾아볼 수 있지요.

사물 인터넷이 설치된 집에서는 침대가 사람의 움직임을 감지합니다. 그래서 사람이 깨어났다고 판단하면 침실의 전등이 켜지고 커튼도 자동으로 열립니다. 방이 더워서 체온이 올라가면 에어컨이 켜집니다. 스마트폰으로 위치를 파악해 사람이 집에 들어오기 전에 난방이나 냉방을 해 두고, 밥솥이나 오븐의 스위치를 올려 미리 요리를 준비해 두기도 합니다.

6 아래 기사의 중국처럼 발전된 기술로 24시간 범죄를 감시할 경우 국민들에게 어떤 일이 일어날지 추측해 보세요.

중국은 2015년부터 범죄 용의자 추적 시스템인 '텐왕'(하늘의 그물)을 도입했다. 그래서 범죄 용의자를 추적하거나 실종자를 찾아낸다. 2000만 대의 인공지능 감시 카메라가 1초 만에 그 사람이 누구인지 파악할 수 있다. 정확도는 99.8퍼센트다. 이런 시스템은 국민의 안전을 보호할 수 있기 때문에 유익하다. 하지만 내가 누구와 자주 만났는지, 어떤 모임에 참여했는지 등을 나라에서 다 알기 때문에 사생활을 보장받기 어렵다.

▲중국의 범죄 용의자 추적 시스템은 지나가는 사람들의 얼굴을 실시간으로 확인해 범인을 잡는다.

<신문 기사 참조>

'빅브라더 신드롬'

2013년 5월 미국의 스물 다섯 살 청년 에드워드 스노든은 정부 기관이 일반인들의 개인 정보를 마구잡이로 수집해 왔다는 사실을 폭로합니다.

범죄자뿐 아니라 보통 사람들의 전자우편이나 휴대전화에 저장된 사진, 온라인 접속 기록 등의 개인 정보를 대규모로 모았다는 것이지요. 게다가 곳곳에 설치된 CCTV와 GPS 기록, 스마트폰 사용 내역까지 합쳐지면 실시간으로 사생활이 감시된 셈이지요.

빅데이터 시대에 정부가 개인을 감시하는 일을 '빅브라더 신드롬'이라고 합니다. 영국의 소설가 조지 오웰(1903~50)의 소설 『1984』에서 '빅브라더'로 불리는 독재자가 집과 거리 등에 설치된 텔레스크린을 통해 사람들을 감시하고, 정보를 통제한 데서 나온 말입니다. 오웰은 이 소설에서, 정부가 정보를 통제하고 사람을 감시하는 세계의 위험성을 보여 줬습니다.

▲빅브라더는 곳곳에서 사람들을 감시한다.

7 행복이네 학교에서는 교실에서 벌어지는 학교 폭력이나 범죄를 예방하기 위해 CCTV를 설치한다고 합니다. 찬성과 반대 의견 가운데 한 가지를 골라 자기 생각을 밝히세요(300~400자).

> 학교 폭력 사고가 끊이지 않으면서 교실에도 CCTV를 설치할 필요가 있다는 주장이 힘을 얻고 있다. 교실에서 왕따와 폭력이 잦아지는가 하면, 학생이나 교사에 대한 성희롱과 욕설, 폭행 등의 문제가 자주 일어나기 때문이다. 하지만 아이들의 인권 침해와 개인 정보 보호 원칙에 어긋난다는 의견도 있어 CCTV 설치를 놓고 찬반 의견이 팽팽하다.
>
> <신문 기사 참조>

▲교실에 CCTV를 설치하면 학생들의 움직임을 확인할 수 있다.

| 03 경제 | # 생활 속 사례로 합리적인 소비 배워요 |

『생활 속 사례로 생생하게 배우는 경제
1+1이 공짜가 아니라고?』

이정주 지음, 개암나무 펴냄, 160쪽

 **줄거리**

　생활에서 쉽게 경험할 수 있는 사례를 들어 경제 지식과 합리적인 소비를 알려 줍니다. '프랜차이즈 치킨이 비싼 까닭은?', '1+1 제품을 사는 것이 이익일까?', '초등학생이 브랜드 운동화를 사야 할까?', '굿즈를 많이 사야 아이돌에 대한 사랑 표현일까?' 등 사례를 이야기 방식으로 들려줍니다. 그리고 그러한 행위에 들어 있는 경제 원리를 분석하고 배경 지식도 제공합니다. 인터넷 쇼핑몰의 상품 가격이 싼 까닭과 개인 정보를 마케팅에 이용하도록 함부로 동의하면 안 되는 이유도 소개합니다. 전자 화폐가 무엇인지 설명하고, 그 편리성도 제시합니다.

 본문 맛보기

프랜차이즈 제품이 모두 좋은 건 아니야

▲재원이 아빠는 무 절임과 소스 만들기, 닭 튀기기 등 가게의 모든 일을 혼자 해야 하기 때문에 어렵다.

(가)재원이 아빠는 시장에서 작은 치킨집을 운영합니다. 재료 준비와 닭 튀기기 등 모든 일을 혼자 해서 힘들지요. 그리고 값도 싸고 맛이 있는데, 근처의 프랜차이즈보다 손님이 적어요. 그래서 프랜차이즈로 바꾸려고 해요. 프랜차이즈는 본사가 전문적인 일을 대신하므로 가게 주인은 닭을 튀기고 포장을 하는 등 간단한 일만 합니다. 문제는 기술이나 제품을 받기 위해 본사에 일정한 돈을 내야 하므로 값이 비싸고 가게 이익도 적은 것이죠. 본사에서 같은 제품을 받는다고 품질이 모두 좋은 것도 아니에요. (24~39쪽)

미역 공짜로 준다는 말에 필요 없는 카레 구입

▲우창이는 카레 3개를 사면 미역 1봉지를 공짜로 준다는 말에 넘어가 당장 필요하지 않은 카레를 샀다.

(나)우창이는 아빠의 심부름으로 엄마 생일에 미역국 선물을 하려고 마트에 미역과 소고기를 사러 갔어요. 그런데 카레 3개를 사면 미역 1봉지를 공짜로 준다는 말에 넘어갔어요. 사은품으로 에코백을 준다고 해서 만두도 2봉지나 샀어요. 결국 돈이 모자라 소고기 대신 소고기 맛 간장을 샀지요. 아빠는 충동적으로 물건을 사서 미역국 선물을 못하게 되었다며 꾸중했어요. 마트의 1+1 또는 사은품 행사는 물건을 여러 개 묶어 파는 데다 사은품 구입비도 일정 부분 값에 포함시켜서 공짜가 아니라고 했어요. (42~51쪽)

> **이런 뜻이에요**
> **프랜차이즈** 본사가 가맹점을 모집해 일정한 약속에 따라 자기의 상표와 상호 등을 사용하고 상품(또는 서비스)을 팔게 하는 사업.
> **에코백** 비닐 등 일회용품 사용을 줄이기 위해 헝겊 등 분해되는 재료로 만드는 친환경 가방.

본문 맛보기

청소년은 발이 금세 자라 일반 운동화가 경제적

(다)현채는 지난주부터 일반 운동화보다 많이 비싼 '제우스'를 사 달라고 엄마를 졸랐어요. 제우스를 신으면 멋지고 특별한 기분이 든다고 말하면서요. 하지만 엄마는 현채의 발이 금세 자라는 데다, 운동화는 소비재라며 브랜드 가치보다는 사용 기간을 따졌어요. 브랜드 운동화에는 브랜드를 알리기 위한 광고비와 개발 비용, 관리 비용이 들어가 가격이 비싸집니다. 브랜드가 유명하다고 꼭 품질이 좋은 것도 아니지요. 따라서 물건을 살 때 먼저 브랜드만 볼 게 아니라 품질도 따져 봐야 합니다. (56~70쪽)

▲현채 엄마는 현채의 발이 금세 자라기 때문에 브랜드 운동화는 낭비라며, 일반 운동화를 사 주셨다.

굿즈 많이 사는 게 아이돌 사랑 표현은 아니야

(라)윤승이는 아이돌 그룹 탑텐의 팬이에요. 그래서 탑텐의 공항 패션 티셔츠를 사려고 매장에 달려갔는데, 보통 티셔츠 값의 3배 가까이 되어 사지 못했어요. 얼마 전에는 티켓 값이 10만 원이 넘는 탑텐 콘서트에 보내 달라고 엄마를 졸랐다가 꾸중만 들었죠. 연예기획사는 아이돌을 키우는 데 들어간 돈을 건지려고 아이돌의 음반 판매는 물론 아이돌을 내세운 여러 가지 굿즈를 팔기도 하지요. 하지만 굿즈를 많이 사는 것이 아이돌에 대한 사랑의 표현이라고 여기는 것은 옳지 않아요. (73~85쪽)

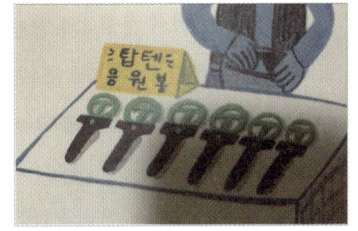

▲아이돌 관련 굿즈를 많이 사야 아이돌에 대한 사랑의 표현이라고 생각하면 안 된다.

이런 뜻이에요

소비재 생활에 쓰이는 제품. 식품이나 연료처럼 한 번 사용하면 없어지는 것과 자동차처럼 반복해서 쓸 수 있는 내구 소비재가 있다.
굿즈 연예인이나 특정 브랜드에서 팔려고 내놓는 기획 상품. 드라마나 애니메이션, 팬클럽 등과 관련된 상품을 말함.

 본문 맛보기

개인 정보 이용 동의한 뒤 전화 마케팅에 시달려

▲인터넷 쇼핑몰을 이용하는 사람들이 늘면서 개인 정보가 해킹을 당하는 문제도 생겼다.

(마)상민이네 모둠 4명은 체험 학습 때 입을 티셔츠를 사려고 1만 원씩 걷었어요. 가게에 갔더니 1만 900원이어서 돈이 모자랐어요. 인터넷 쇼핑몰을 검색했더니 같은 제품이 9500원이었어요. 상민이는 회원에 가입하고 4벌을 장바구니에 담았는데, 택배비가 붙어 4만 800원이었어요. 다른 쇼핑몰을 살폈더니 개인 정보를 마케팅에 활용하도록 동의하면 1000원 할인 쿠폰을 줘서 돈이 남았어요. 상민이는 무턱대고 동의한다고 표시했죠. 그 뒤 장사를 하는 전화가 자주 와서 괴롭힘을 당했어요. (132~145쪽)

전자 화폐는 잃어버릴 염려 없고 휴대하기 편리

▲교통 카드 등 전자 화폐는 하나의 카드에 많은 금액을 저장해서 사용할 수 있고, 잃어버릴 염려도 없어 편리하다.

(바)민찬이는 동생과 공원에서 놀다가 용돈을 넣어 둔 외투를 잃어버렸어요. 아빠에게 연락하니 스마트폰에 있는 전자 화폐로 햄버거를 사 먹으래요. 가게에 가서 햄버거 2개를 사고, 스마트폰으로 결제했어요. 그런데 계산대 옆에 게임 피규어가 있지 뭐예요. 햄버거 세트 하나 사면서 2000원을 더 내면 주는 사은품이었어요. 민찬이는 피규어가 탐나서 필요 없는 햄버거를 더 샀어요. 왠지 공짜 같아 기분이 좋았죠. 전자 화폐는 지갑을 들고 다니지 않아도 되고, 잃어버릴 염려도 없어 편리했어요. (146~157쪽)

이런 뜻이에요

개인 정보 이름과 주민등록번호, 주소처럼 개인을 알아볼 수 있는 정보.
피규어 영화나 만화, 게임 등에 나오는 캐릭터를 원래 모습대로 만들거나 축소한 인형.

생각이 쑤욱

1 (가)에서 재원이 아빠의 치킨집은 정성을 다하는데도, 프랜차이즈 치킨이 더 잘 팔리는 까닭은 무엇인가요?

▲프랜차이즈 치킨은 홍보가 많이 되어 개인이 하는 치킨집보다 잘 알려져 있다. 또 본사에서 품질을 철저하게 관리한다는 소비자들의 믿음이 강하다.

머리에 쏘옥

사은품은 정말 공짜일까

물건을 만들어 파는 기업 입장에서 대형 마트는 중요한 시장입니다. 규모가 크기 때문에 상품에 이익을 적게 붙이되 많이 팔아서 큰 이익을 남기는 박리다매 전략을 펴지요. 그래서 전력을 다해 판매를 늘리려고 노력합니다. 예를 들면 '1+1'이나 사은품 제공 행사를 통해 물건을 많이 사도록 유도하는 것입니다.

그런데 이런 비용은 제품을 만드는 기업이 모두 부담하는게 아닙니다. 기업은 행사를 진행하는 직원들의 인건비와 공짜로 주는 사은품 비용의 일정부분을 제품 가격에 포함시키지요. 그러므로 마트에서 하는 '1+1'과 사은품 행사 상품은 공짜가 아닙니다.

또 우창이처럼 카레를 사면서 덤으로 받은 미역은 품질이 떨어질 수도 있으니 사기 전에 잘 살펴봐야 합니다.

2 (나)에서 우창이의 소비에는 어떤 문제점이 있는지 말해 보세요.

▲'1+1 행사'에 참여할 경우 충동구매를 하기 때문에 필요 이상으로 제품을 사서 다 사용하지도 못하는 사례가 있다.

31

생각이 쑥쑥

3 (라)에서 굿즈가 비슷한 품질의 다른 제품보다 값이 아주 비싼 까닭과 그럼에도 불티나게 팔리는 사례가 많은 이유를 분석해 보세요.

▲굿즈는 연예기획사가 '팬심'을 이용해 아이돌을 키우는 데 든 비용을 건지는 방법 가운데 하나다.

4 (다)에서 제우스 운동화 구매를 놓고 현채의 생각과 현채 엄마의 생각 가운데 누구의 편을 들지 1분 동안 이야기해 보세요.

현채	현채 엄마
"엄마, 제우스 운동화를 신으면 명품이어서 멋지고 특별한 사람이 된 기분이 들어요. 친구들도 저를 아주 부러운 눈으로 봐요."	"현채야, 어른이면 몰라도 초등학생은 발이 금세 자라잖아. 그러니 값이 너무 비싼 걸 신으면 낭비지. 그 돈으로 옷을 더 사자."

머리에 쏙쏙

연예기획사가 투자한 금액을 건지는 방법

연예기획사는 아이돌이라는 상품을 내놓기 위해 상품을 만들어 파는 기업들처럼 많은 투자를 합니다. 연습생을 뽑아 노래와 춤을 연습시키고, 합숙 비용을 대고, 매니저를 고용하지요. 멤버들이 탈 자동차를 사는 것도 투자지요.

'소녀시대' 같은 걸그룹 하나를 키우려면 5년 정도의 시간과 20억 원쯤이 든다고 합니다. 기획사는 이렇게 투자한 돈을 건지기 위해 콘서트를 열고, 광고도 찍고, 음반이나 음원을 파는 것입니다. 아이돌 관련 굿즈를 만들어 파는 것도 같은 이유지요.

문제는 굿즈를 사는 대상이 주로 판단력이 부족한 어린이와 청소년이라는 데 있습니다. 그래서 연예기획사는 좋아하는 아이돌의 굿즈는 무조건 사고 보는 이들의 팬심을 최대한 이용한답니다.

▲연예기획사는 아이돌의 팬심을 이용해 여러 가지 굿즈를 개발해 판다.

생각이 쑤욱

5 (마)에서 인터넷 쇼핑몰은 어떻게 해서 같은 티셔츠를 일반 매장보다 싸게 팔 수 있으며, 인터넷 쇼핑몰을 이용할 때 주의할 점은 무엇인가요?

▲인터넷 쇼핑몰에 개인 정보를 남길 경우 해킹을 당해 나쁘게 이용될 수도 있다.

머리에 쏘옥

인터넷 쇼핑몰 제품 값이 싼 이유

인터넷 쇼핑몰은 시간과 공간의 제약 없이 언제 어디서나 물건을 살 수 있기 때문에 인기를 누리고 있습니다. 더구나 값도 싸지요. 값이 싼 이유는 일반 상점과 달리 매장이 필요 없어서 임대료나 인테리어 비용을 줄일 수 있습니다. 물건을 파는 직원도 적게 써서 인건비도 덜 들어갑니다. 다른 쇼핑몰과 가격 경쟁이 치열해 값도 내려야 합니다.

인터넷 쇼핑몰을 사용할 경우 회원에 가입할 때 남긴 개인 정보가 유출되거나 해킹을 당하면 문제가 생깁니다. 가장 큰 문제는 보이스 피싱에 이용되어 많은 돈을 잃을 수 있어요. 요구하지 않은 내용을 보내는 스팸 메일의 대상이 되기도 합니다. 전화번호를 이용해 광고 문자를 보내기도 하지요. 따라서 필요 이상으로 많은 정보를 요구하는 인터넷 쇼핑몰은 이용하지 마세요. 또 쇼핑몰의 비밀번호를 주기적으로 바꾸면 좋습니다.

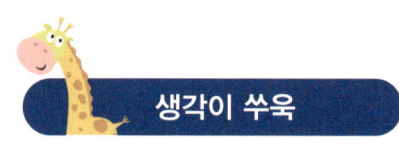

6 (바)에서 전자 화폐의 장점을 제시하고, 전자 화폐를 사용할 때 주의할 점도 말해 보세요

▲전자 화폐는 가지고 다니기 편리하며 잃어버릴 염려도 없다. 하지만 해킹을 당할 경우 돈을 도둑맞을 수도 있다.

머리에 쏘옥

전자 화폐의 장단점

　전자 화폐는 나라에서 발행하는 화폐의 가치를 인터넷이나 스마트폰에 옮긴 화폐입니다. T머니에 들어 있는 돈은 현금과 같아 현금으로 돌려받을 수 있어요. 그런데 현금으로 바꾸려면 수수료가 들어가지요.

　전자 화폐는 가지고 다니기에 편리하고 잃어버릴 염려도 없어요. 화폐를 만드는 비용도 들지 않고, 현금을 보관할 때 드는 노력도 필요가 없어요. 스마트폰만 있으면 물건을 사고 계산할 때마다 얼마를 썼고 남은 돈은 얼마인지 확인할 수 있어요.

　하지만 스마트폰을 잃어버리면 스마트폰을 다시 살 때까지 전자 화폐도 사용하지 못해요. 눈에 보이는 돈과 달리 돈이라는 생각이 들지 않아서 펑펑 쓰기도 합니다. 해킹을 당할 경우 돈을 도둑맞을 수도 있습니다.

생각이 쑤욱

7 합리적인 소비란 무엇인지 앞의 예를 한 가지만 들어 설명하고, 아래 글을 참고해서 합리적인 소비를 하기 위해 지금 내가 고쳐야 하는 소비 습관을 말해 보세요(300~400자).

충동 구매를 하면 만족감이 떨어져 돈만 버릴 수 있다. 값이 싸거나 '1+1 행사'를 한다고 무턱대고 물건을 사면 그 물건의 수는 늘어나지만 만족감을 채우려고 또 사고 싶은 생각이 든다. 이런 소비 습관이 들수록 더 많은 돈이 필요하고, 늘 충동 구매 욕구에서 벗어나지 못한다. 가장 대표적인 것이 학용품과 화장품 구매다. 대개 캐릭터나 색깔이 마음에 들어서 산 뒤 사용하지 않는데, 나중에 필요한 물건은 없고 돈이 부족한 상황이 이어지는 것이다.

<신문 기사 참조>

▲용돈기입장을 쓰면 바른 소비 습관을 들일 수 있다.

04 문화 | 짚 문화에 담긴 조상들의 빛나는 지혜

『풀코스 짚문화여행』

인병선 지음, 현암사 펴냄, 168쪽

줄거리

벼짚을 소재로 조상의 농사 이야기와 의식주 이야기를 전합니다. 조상들이 농사를 지은 뒤 남은 벼짚을 버리지 않고 생활에 다양하게 사용했음을 설명했습니다. 짚신과 실패, 망태기, 짚독, 지붕, 깔개 등 벼짚이 생활에 깊이 들어와 있는 모습을 자세히 살폈습니다. 몇 가닥의 짚으로 만든 물건은 자연에서 자란 것들을 이용하고, 그것을 다시 살려 쓰는 조상의 세심한 배려에서 나온 지혜임을 설명했습니다. 생활 곳곳에 벼짚을 활용한 조상의 지혜를 엿보고, 짚 문화의 전통에서 배울 점을 생각해 보도록 합니다.

벼는 한 가지도 버릴 것이 없는 소중한 식물

▲탈곡기를 이용해 벼의 낟알을 떨어내면 볏짚이 남는다.

(가)탈곡은 이삭에서 낟알을 떨어내는 일이에요. 요즈음 모두 기계화되어 논에서 바로 베어 탈곡되어 벼는 마대에, 볏짚은 묶여 나오기까지 해요. 탈곡한 벼는 식량이 되고, 볏짚으로는 여러 가지 생활용구를 만들지요. 벼 뿌리는 땅에 묻혀 비료가 됩니다. 그러므로 벼는 한 가지도 버릴 것이 없는 소중한 식물이에요. 우리말에 짚이란 곡식에만 쓰이는 말이에요. 곡식이 아닌 식물에는 짚이란 말을 쓰지 않는 것을 보면, 짚에는 중요한 뜻이 담겨 있는 듯해요. 보리 줄기는 보릿짚이라 하고 밀의 줄기는 밀짚, 조의 줄기는 조짚, 콩 줄기는 콩짚이라고 해요. (26~27쪽)

볏짚은 보온성 뛰어나고 질기고 푹신해

▲짚은 보온력이 뛰어나며 질기고 푹신해서 여러 생활용품을 만드는 데 쓰였다.

(나)볏짚은 보온력이 대단히 뛰어나요. 아무리 추운 겨울에도 볏짚 속에 들어가 있으면 절대로 체온이 내려가지 않아요. 옛날에 가난한 사람들이 추운 겨울을 무난히 지낸 데에는 이 볏짚의 덕택이 컸어요. 줄기가 대롱이기 때문이에요. 대롱에는 늘 공기가 가득 차 있고 이 공기는 밖의 공기와 관계없이 항상 같은 온도를 유지하려 하거든요. 벼의 잎은 다른 식물의 잎에 비해 퍽 부드럽고 질겨요. 우리 조상들이 수천 년 동안 볏짚으로 새끼, 밧줄 등 온갖 생활용구를 만들어 쓸 수 있었던 것은 잎의 이런 특성 때문이기도 해요. 볏짚을 모아 놓고 한번 깔고 앉아 보세요. 푹신한 느낌이 들 거예요. 그것도 이 줄기가 대롱이기 때문이에요. (34, 35쪽)

 **본문 맛보기**

추수 끝나면 짚을 엮어 농사 용구 만들어

▲짚을 엮어 만든 종다래끼.

(다)가을걷이가 끝나면 농부들은 다시 이듬해 지을 농사를 준비해야 해요. 농사 준비에서 가장 중요한 일은, 짚 엮기입니다. 낟알을 널어 말리는 멍석과 도래방석, 낟알을 담을 멱서리와 잡곡을 담을 크고 작은 둥구미들, 이듬해에 심을 씨앗을 보관해 두는 씨오쟁이, 종다래끼에 이르기까지 모두 볏짚으로 엮어야 하니까요. 어른들은 마을에서 제일 큰 방에 모여 앉아 함께 일했어요. 그래야 능률도 오르고 재미있으니까요. 남자 어린이들은 아주 어려서부터 할아버지나 아버지 옆에 앉아 짚 엮기를 배웠어요. 그것이 훌륭한 농부가 되는 첫걸음이었거든요. (38쪽)

밧줄을 꼬려면 여러 사람 협동 작업 필요

▲밧줄을 꼬려면 많은 사람의 협력이 필요하다.

(라)새끼는 두 겹으로 꼬고, 밧줄은 세 겹으로 꼬아요. 밧줄이 새끼보다 탄탄하고 질긴 것은 이 때문이에요. 옛날에도 밧줄은 중요했어요. 특히 농업이나 어업에서는 꼭 있어야 했지요. 지금은 밧줄을 나일론 같은 합성섬유로 공장에서 대량 생산하지만, 예전에는 사람의 힘으로 일일이 꼬아야 했어요. 밧줄을 꼴 때는 여러 사람이 협동 작업을 했어요. 손이 맞아야 하므로 리듬이 필요했어요. 그래서 강원도 삼척이나 전라도 여천에는 지금도 밧줄을 꼬며 부르는 '술비소리'라는 민요가 전해지고 있어요. 농사를 짓는 데 쓰는 써래나 쟁기의 봇줄, 가랫줄, 용두렛줄, 소의 고삐는 모두 밧줄이에요. 배의 닻줄은 굵어서 꼬는 것이 보통 일이 아니었어요. (60~61쪽)

> **이런 뜻이에요**
> **도래방석** 짚으로 둥글게 짠 방석. 탈곡한 곡식이나 채소 등 농산물을 말리는 데 쓴다.
> **종다래끼** 씨를 뿌릴 때 허리에 차는 작은 바구니.
> **봇줄** 밭을 갈기 위해 소에 맨 쟁기를 묶은 줄.
> **가랫줄** 흙을 뜨고 던지는 도구인 가래에 묶은 줄.
> **용두렛줄** 용두레를 묶은 줄. 용두레란 논에 물을 대기 위해 통나무를 배 모양으로 길게 파낸 도구.

본문 맛보기

집안 쓰레기와 볏짚, 두엄 등 섞어 거름 만들어

▲외양간 옆 마당 한 구석에 쌓여 있는 두엄.

(마)외양간 옆 바깥마당 한쪽에는 두엄발치가 있었어요. 집안에서 나오는 온갖 쓰레기와 지붕에서 끌어내린 낡은 볏짚, 외양간 바닥에서 긁어낸 두엄, 아궁이에서 긁어낸 재, 음식 찌꺼기 등이 거기에 모여 썩어서 거름이 돼요. 요즈음처럼 여기저기 쓰레기가 쌓이는 까닭은 공장에서 생산한 물건 가운데 흙속에서 썩지 않는 것이 많기 때문이에요. 가령 빈병, 깡통, 비닐, 플라스틱 따위는 썩지 않는 물질이어서 흙으로 되돌릴 수가 없어요. 예전에는 모든 것을 이처럼 되살려서 썼어요. 자연에서 자란 것들을 사람이 이용하고 그것을 다시 살려 쓰는 생활이야말로 생태계와 환경을 보존하는 길이에요. (82쪽)

짚으로 달걀 꾸러미 등 포장재 만들어

▲짚을 엮어 만든 달걀 꾸러미. 달걀을 깨지지 않게 운반할 수 있다.

(마)현대는 과대 포장 시대예요. 과대 포장이란 필요 이상으로 요란하게 여러 겹으로 싼다는 말이에요. 거기에는 물건을 실제보다 더 크고 좋게 보이려는 거짓이 숨어 있지요. 조상들은 예부터 물건을 간략하고 보기 좋게 쌌어요. 재료는 주로 짚과 풀이었어요. 이들은 어디에나 흔하고 해마다 새로 나며, 쓰고 버려도 공해를 일으키지 않는 재료예요. 생활에서 사용하는 포장재는 거의 종이예요. 종이를 만들려면 십 년 자란 나무를 베어야 해요. 세계적으로 날마다 큰 나무들을 베어 내는데, 자라는 속도는 느려서 기상 이변이 일어나고 있어요. (162~163쪽)

생각이 쑤욱

1 (가)를 참고해, 우리 조상들이 벼를 생각하는 마음이 지금과 어떻게 달랐는지 이야기해 보세요.

2 옛날에 가난한 사람들이 추운 겨울을 무난히 지낼 수 있었던 까닭을 추측해 보세요.

머리에 쏘옥

옛날의 짚 문화

짚신과 소쿠리, 채반, 망태기 등은 예전에 사용하던 생활용품입니다. 이들 용품은 짚 또는 풀을 꼬아 줄로 만들어 엮거나 짜고, 뜨는 방법으로 만들었습니다.

벼농사가 발달하기 전에는 주로 칡뿌리나 나무껍질 등을 써서 이런 도구를 만들었지요. 그러다 벼농사가 발달하면서 알곡을 털어낸 짚으로 만들었는데, 종류도 더욱 다양해졌습니다.

짚의 장점은 오래 쓰다 낡고 썩으면 다시 자연으로 돌려보내도 환경 공해가 없는 천연 재료라는 점입니다.

하지만 지금은 공장에서 각종 농기구 등 많은 물건들이 생산되면서 이러한 짚 문화가 사라졌답니다.

▲짚으로 만든 삼태기. 쓰레기나 거름, 흙, 곡식 등을 담아 나른다.

생각이 쑤욱

3 아래 사진에 나온 생활용품은 짚으로 만든 것들인데, 각각의 이름과 쓰임새를 설명하세요.

생활용품	이름	쓰임새
	짚수세미	짚을 태운 재를 묻혀 그릇을 닦으면 반짝반짝 윤이 났다.

짚의 쓰임새

옛날에는 우비나 우산이 없었지요. 그래서 비가 오면 농부들은 짚을 망토처럼 엮은 도롱이를 입은 채 들로 나가 일을 했어요. 도롱이는 짚으로 촘촘하게 엮고 끝 부분은 그대로 드리워 끝이 너덜너덜하게 두었죠. 그럼 비가 안으로 스며들지 않았답니다.

우리나라는 겨울에 춥기 때문에 김장독이 얼지 않도록 볏짚으로 움집처럼 생긴 김치광을 만들어 김장독을 보관했답니다. 그러면 김장독 위로 눈이 쌓여 독이 얼어서 터지는 일도 막을 수 있었지요.

주루목은 망태기에 줄을 달아 맬 수 있게 만든 가방입니다. 지금의 배낭처럼 물건을 넣어 지고 다니는 데 썼답니다.

옛날에는 무거운 물건을 머리에 이고 다니기도 했어요. 그때 짚으로 똬리를 만들어 머리에 받쳐 압력을 덜어 주었답니다.

생각이 쑤욱

4 밧줄 꼬기나 이엉 잇기 등은 일손이 많이 필요합니다. 우리 조상들이 이러한 문제를 해결한 방법과 거기서 얻을 수 있는 교훈을 말해 보세요.

5 옛날에는 모든 것을 되살려 쓰는 생활이 가능했습니다만, 지금은 그러지 못하는 까닭을 아래 두 사진을 비교해 설명하세요.

▲옛날 농경 사회의 모습(왼쪽)과 기계화된 현대 사회의 모습.

머리에 쏘옥

짚 문화와 품앗이

40~50년 전까지만 해도 볏짚은 생활과 떼려야 뗄 수 없는 소재였습니다. 해마다 추수가 끝나고 찬바람이 불 무렵이면 마을마다 이엉 잇기가 품앗이 형태로 벌어졌지요.

이엉 잇기는 볏짚을 엮어 초가 지붕을 교체하는 작업인데, 일손이 많이 필요했습니다. 남자들은 새끼를 꼬아 이엉을 엮고, 여자들은 국수와 막걸리를 준비해 마을 잔치를 벌였답니다.

자원 순환이 끊긴 까닭

옛날 농경 사회에서는 곡식을 추수한 뒤 버릴 것이 없었어요. 다음 농사를 위해 짚으로 농기구를 만들고, 집안에서 나오는 쓰레기까지 모아 거름을 만들어 썼지요.

그런데 지금은 기계화되면서 손으로 물건을 만들 필요가 없게 되었지요. 공장에서 만든 물건이 넘쳐나 굳이 다시 쓰지 않아도 되거든요. 이런 물건들은 한 번 사용한 뒤 버려져 환경을 해치는 원인이 되고 있어요. 플라스틱과 비닐, 스티로폼 등은 땅에 묻어도 잘 썩지 않습니다.

그래서 자원을 절약하고, 사용한 자원을 다시 이용할 수 있도록 하는 자원 순환 운동이 주목을 받고 있답니다.

생각이 쑥

6 지금 사용하는 생활용품 가운데 볏짚을 이용해 만들어 쓰고 싶은 것을 하나만 들고, 만드는 방법을 소개하세요. 그리고 볏짚의 어떤 특성을 이용했는지도 말해 보세요.

▲볏짚으로 만든 방석. 볏짚은 습기를 빨아 들이는 데다, 바람이 잘 통하고 푹신해 여름에 쓰기 좋다. 볏짚을 물에 축여 한 시간쯤 지난 뒤 새끼를 꼬아 엮어 만든다.

머리에 쏘옥

볏짚의 특성

볏짚의 줄기에는 공기층이 많습니다. 그래서 열의 이동을 막아 단열 효과가 뛰어나고, 소리도 잘 흡수하지요.

우리나라의 경주 등 여러 곳에 볏짚과 황토를 이용해 만든 집이 있는데, 영하 10도까지 내려가도 춥지 않을 정도라고 합니다.

재료 자체에서 나오는 이산화탄소의 양도 적어 친환경적입니다.

▲볏짚으로 만든 개집. 단열 효과가 뛰어나 따뜻하고, 습기도 잘 빨아들여 항상 보송보송하다.

생각이 쑤욱

7 책의 내용과 아래 기사를 참고해 빠르고 편리함만 추구하는 현대의 소비 생활이 일으키는 환경 문제를 지적하고, 친환경 생활을 위해 우리 조상들의 짚 문화에서 배울 점을 들어보세요(300~400자).

환경을 생각하지 않는 제품 소비가 이뤄지면서 각종 생활 폐기물이 쌓이고 있다. 석유화학 제품과 일회용품 사용이 급증하면서 플라스틱류의 산업 폐기물이 늘어나는 것이다. 우리나라의 폐기물 재활용률은 30퍼센트를 밑돈다. 게다가 폐기물을 대부분 태우는 바람에 이산화탄소 등 온실가스와 다이옥신 배출이 늘어나 대기 오염은 물론 건강 문제도 심각하다.

<신문 기사 참조>

▲마트에서 파는 상품들의 포장은 대부분 비닐 또는 플라스틱이어서 재활용되지 않을 경우 환경 공해를 일으킨다.

05 문화 | 미디어를 올바르게 소비하는 방법

『미디어는 왜 중요할까요?』

이인희 지음, 어린이나무생각 펴냄, 160쪽

 **줄거리**

미디어란 무엇이며, 왜 생겼는지, 어떻게 발전했는지 살폈습니다. 미디어가 사람들의 생활을 어떻게 바꾸었는지도 소개했습니다. 미디어의 종류와 기능, 미디어를 만든 사람, 미디어가 가져야 할 사명감도 알 수 있습니다. 미디어와 민주주의의 관계도 보여 줍니다. 올바른 미디어의 기준과 미디어의 공공성이 왜 중요한지도 다뤘습니다. 미디어를 슬기롭게 이용하는 방법도 제시했고, 미디어가 삶에 어떤 영향을 주는지도 알 수 있습니다.

미디어는 의사 소통 어려움 해결

▲미디어는 정보를 전달하는 수단을 말한다.

(가)텔레비전이나 라디오, 신문, 인터넷, 전화가 없다면 어떻게 될까요? 아마 무척이나 불편하고 갑갑할 거예요. 어떤 일이 일어나는지 알 수 없고, 멀리 떨어져 있는 사람과 연락할 수도 없을 테니까요. 이렇게 우리가 정보를 서로 주고받는 수단과 도구를 '미디어'라고 해요. 미디어는 사람들이 서로 꼭 필요한 연락을 주고받거나 의사를 소통하는 데 생기는 불편함을 줄이기 위해 생기게 되었답니다. 인류가 문자를 사용하지 않던 시대에도 오늘날의 미디어와 같은 역할을 하는 수단이 있었답니다. (11~13, 16쪽)

미디어 덕택에 풍부한 정보 누리고 살아

▲인류의 지식이 발달할수록 미디어 기술도 발전했다.

(나)인쇄술의 등장은 단순히 기술적인 면을 넘어서 인류의 역사를 뒤흔들 정도로 큰 역할을 했답니다. 개인용 컴퓨터의 등장은 인류에게 인쇄기의 발명만큼 큰 사건이었어요. 인터넷, 스마트폰 등 나날이 다양해지고 발전하는 미디어 덕택에 우리는 풍부한 정보 속에서 편리하게 살 수 있어요. 미디어가 없으면 불편해지는 시대가 되었답니다. 하지만 미디어가 꼭 좋은 점만 있는 것은 아니에요. 미디어는 종종 사람들을 유혹할 때도 많답니다. 현대 사회에서 무조건 미디어를 멀리할 수는 없어요. 미디어를 통해 우리가 얻을 수 있는 좋은 점도 많거든요. (33, 37, 54~55쪽)

본문 맛보기

미디어 통해 민주주의가 퍼지고 발전

(다)뉴스를 보도하는 언론이라면 객관적이고 공정하게 보도하는 자세를 잃지 말아야 해요. 수많은 사람들이 미디어를 이용하다 보니 이를 나쁘게 사용하는 사람들도 생기게 되었답니다. 벽보나 활자 인쇄기, 신문과 텔레비전 같은 대중 매체, 인터넷 등 지금까지 인류가 발명한 미디어는 모두 소통을 위한 것이었고, 이러한 미디어를 통해 민주주의가 퍼지고 발전할 수 있었어요. 언론과 출판의 자유는 민주 정치를 위해 꼭 필요하답니다. 누군가가 신문이나 방송을 미리 살펴보고 보도해도 된다, 안 된다를 결정한다면, 진정한 자유가 보장되는 것이 아니겠지요. (76, 82, 88~91쪽)

▲미디어는 사람들의 생각과 의견은 물론 생활 문화 전반에 영향을 미친다.

국민 모두에게 이익이 되게 만들어야

(라)신문, 잡지, 라디오, 텔레비전, 인터넷과 같은 미디어에서는 광고를 빼놓을 수가 없어요. 미디어 회사는 대부분 광고료로 거두어 들이는 돈으로 회사를 운영해요. 광고를 만드는 사람들의 속셈을 잘 모르는 사람들은, 광고에 좋아하는 스타가 나온다는 이유만으로 그 제품을 사기도 해요. 방송에 필요한 전파는 한정되어 있는데, 이를 특정 단체나 사람이 자신만의 이익을 위해 사용한다면 어떨까요? 방송은 국민 모두에게 이익이 되도록 만들어야 해요. 또 시청자의 정서를 해쳐서는 안 되는 것을 원칙으로 하지요. (107, 111쪽)

▲미디어에 나오는 광고를 현명하게 판단하는 지혜가 필요하다.

본문 맛보기

보도 과정에서 인권 보호하고 법 지켜야

▲미디어는 영향력이 큰 만큼 책임도 크다.

(마)미디어는 사회의 보편적인 가치를 지키면서 국민에게 건전한 정신과 건강한 신체를 갖도록 도와야 해요. 이것이 바로 미디어의 사회적 책임이지요. 미디어로서 지켜야 할 '윤리'도 잊지 말아야 해요. 미디어의 윤리란 뉴스를 취재하고 보도할 때 사람들의 인권을 지키고, 법적으로 문제없이 활동해야 한다는 거예요. 미디어는 사회가 잘못 운영되는 일이 없는지 감시하고 견제하는 역할을 해야 하지요. 미디어의 오락 기능은 현대인에게는 빼놓을 수 없는 중요한 요소랍니다. (128, 135, 139쪽)

미디어가 사회적 책임 다하는지 지켜봐야

▲개인 홈페이지나 블로그 등 1인 미디어 시대가 열렸다.

(바)이제는 누구나 혼자서도 미디어를 만들어 하고 싶은 이야기를 하고, 다른 사람들과 정보나 의견을 나눌 수 있는 시대가 되었어요. 언론이 보내 주는 정보를 그대로 받아들이는 것에서 한발 나아가, 자신이 직접 정보를 생산하고 다른 사람들에게 전달하는 능동적인 역할을 하게 된 것이지요. 중요한 것은 수많은 미디어 속에서 나에게 필요한 정보를 잘 찾아서 도움이 되도록 활용하는 일이랍니다. 미디어가 사회적 책임을 제대로 수행하고 있는지 지켜보아야 해요. 그리고 때로는 혼자가 아니라 여러 시민들이 힘을 모아 우리들의 목소리를 전달할 필요도 있어요. (144, 155쪽)

 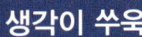

1 미디어가 없으면 나쁜 점과 좋은 점을 1분 동안 말해 보세요.

2 인쇄술이 미디어 발전에 어떤 영향을 끼쳤는지 설명하세요.

▲신문을 인쇄하는 윤전기.

머리에 쏘옥

인쇄술

▲우리나라에서 나오는 여러 신문들.

인쇄술이 발달하지 못했던 100년 전만 해도 책은 아주 귀하고 값도 비쌌습니다. 글씨를 손으로 일일이 베껴 써야 했기 때문입니다. 그래서 부자들밖에는 구하기 어려웠어요.

그런데 인쇄술이 나오면서 이러한 불편함이 사라졌습니다. 인쇄술이란 나무나 금속으로 만든 판에 글 또는 그림을 새긴 뒤 잉크를 묻혀 종이 등에 찍어 내는 기술을 말하지요.

인쇄술 덕분에 같은 내용의 책을 한 번에 여러 권 펴낼 수 있게 되었지요. 많은 사람들이 책을 통해 새로운 지식과 정보를 접할 수 있게 된 것이죠. 그래서 신문과 잡지 등 미디어도 발전하게 되었답니다.

생각이 쑤욱

3 미디어의 보도 태도가 객관적이고 공정해야 하는 까닭은 무엇인가요?

4 신문에서 과대 광고의 사례를 한 가지만 찾아, 그 광고를 바탕으로 과대 광고를 하면 안 되는 까닭을 말해 보세요.

머리에 쏘옥

미디어의 공정성과 객관성

미디어의 공정성이란 보도 기사나 방송 프로그램이 한쪽으로 치우치지 않게 사실을 객관적으로 보도하는 것을 말합니다. 예를 들면 사회에서 논란이 되는 사건을 깊게 취재하고, 관련 전문가들의 인터뷰 등을 통해 사건의 논란을 검증한 뒤 보도 기사나 방송 프로그램을 내보내야 합니다.

객관성이란 사실을 편견 없이 전하는 보도 태도입니다. 확실하지 않은 사실을 진짜인 것처럼 보도하거나 헛소문을 퍼뜨리면 사람들에게 피해를 줄 수 있기 때문입니다.

미디어는 공정하고 객관적인 보도를 할 의무가 있어요. 잘못된 보도는 사람들의 판단을 흐리게 하고 잘못된 여론을 만든답니다.

과대 광고 사례와 문제점

식품의약안전처는 수시로 과대 광고 사례를 찾아내 해당 회사에 벌을 줍니다.

주로 건강 식품이나 의료 기기가 질병 치료와 예방에 효과가 있다고 광고하는 사례가 많은데, 식품위생법과 의료법에서는 이러한 행위는 법적으로 금지되어 있습니다.

과대 광고는 소비자의 상품 선택을 그릇되게 해서 소비자에게 피해를 줍니다. 또 경쟁 회사의 고객을 빼앗아감으로써 이익을 해치게 만듭니다. 광고의 사회적 신용도 떨어뜨립니다.

생각이 쑤욱

5 텔레비전 뉴스에서 '몰래카메라'로 취재해 보도하는 태도를 놓고, 자신의 의견을 1분 동안 밝히세요.

	몰래카메라 사용해도 된다
찬성	
반대	

머리에 쏘옥

'몰래카메라'와 인권

몰래카메라는 한 사건을 깊이 있게 다루는 심층 취재나 뉴스프로그램에서 흔히 볼 수 있어요. 취재 대상은 자신이 촬영된다는 사실을 모른 채 방송에 나가게 되지요.

우리 사회에서 몰래카메라 사용을 놓고 찬반 의견이 팽팽합니다.

찬성 입장에서는 방송에서 범죄 행위를 보도해 국민에게 널리 알리고 토론할 수 있도록 해야 한다고 합니다. 몰래 찍는 것이라도 표현의 자유를 실현하는 수단으로 보는 것이죠.

반대하는 입장에서는 몰래카메라 사용 자체가 불법일 뿐만 아니라, 취재 대상의 인격권을 침해하는 행위라고 합니다. 표현의 자유도 중요하지만, 범죄 행위를 허용할 수는 없다는 것이죠.

▲몰래카메라를 사용한 취재를 놓고 찬반 논란이 거세다.

생각이 쑤욱

6 미디어는 국민의 생각이나 의견은 물론 생활과 문화에 이르기까지 미치는 영향이 큽니다. 미디어가 제 기능을 더 잘 발휘하게 만들기 위해 미디어 회사와, 개인, 학교, 정부가 각각 할 일을 정리하세요.

	실천해야 할 일
미디어 회사	
개인	
학교	
정부	

머리에 쏘옥

미디어가 하는 일

미디어는 사회에서 일어나는 사건과 사고에 관한 정보를 취재해 전달합니다. 우리 사회가 잘못 운영되는 일은 없는지 감시하고, 견제하는 역할도 하지요.

단순히 사실 보도에만 그치는 게 아니라, 그런 사건이나 사고가 일어난 원인과 의미를 설명하고, 해결 방안까지 제시하지요.

구성원들에게 필요한 교육의 도구로 이용되기도 하지요. 그리고 사회에서 지켜야 할 규범과 윤리 등을 알려 주기도 합니다.

쇼나 오락 등 흥미 있는 프로그램을 만들어 재미있는 볼거리와 휴식, 즐거움도 주지요.

▲신문사 편집국에서 지면을 편집하는 작업을 하고 있다.

7 텔레비전이나 컴퓨터 등의 미디어를 너무 많이 소비하면 생길 수 있는 문제점을 밝히고, 미디어를 어떻게 소비하는 것이 자기에게 도움이 될지 설명하세요(300~400자).

초등학생들이 스마트폰과 TV 등 전자 기기에 심각하게 중독된 것으로 나타났다. 대한소아내분비학회는 1~6학년 초등학생 자녀를 둔 학부모 500명에게 실시한 '바른 성장을 위한 생활 습관 실천에 대한 인식 조사' 결과를 최근 발표했다. 이에 따르면 10명 가운데 4명은 잠들기 바로 전까지 스마트폰이나 TV 등 전자 기기를 사용하는 것으로 드러났다. 주로 쓰는 기기는 스마트폰(86.2퍼센트)이 가장 많았다. 이어 TV(83퍼센트), PC(51.6퍼센트), 태블릿PC(25.8퍼센트) 순이었다. 스마트폰은 5명 가운데 1명꼴로 하루 2시간 이상 사용했다.

<신문 기사 참조>

▲초등학생들이 스마트폰이나 TV에 심각하게 중독된 것으로 나타났다.

06 기타 법을 지키는 정의로운 사회 만들어요

『변호사 엄마가 딸에게 들려주는 법과 사회 이야기
세빈아, 오늘은 어떤 법을 만났니?』

신주영 지음, 토토북 펴냄, 144쪽

 줄거리

　세빈이는 학교에서 장래 희망을 이야기하는 시간에 무심코 엄마처럼 변호사가 되고 싶다고 발표합니다. 하지만 세빈이는 변호사가 무슨 일을 하는지 모릅니다. 그래서 왜 변호사가 되고 싶은지 설명하지 못하고 우물쭈물하다가 말았습니다. 세빈이는 집으로 돌아온 뒤 엄마의 도움을 받습니다. 그 뒤 세빈이는 어렵게 느껴지던 정의, 계약, 인권, 법조인의 역할, 법의 정신을 이해합니다. 그리고 어떻게 살아야 바르게 사는지도 깨닫습니다.

본문 맛보기

법은 구성원들이 지키기로 정한 약속

▲법은 구성원들이 지켜야 하는 공동 생활의 기준이다.

(가) "법은 사람들이 모여 사는 곳 어디에나 있어. 마치 공기처럼 말이지. 세상에는 수많은 사람이 모여 사는데, 서로 자기가 하고 싶은 대로만 하면 어떻게 될까? 법을 지키지 않으면 다른 사람뿐 아니라 자신도 위험해지지. 그러니까 더불어 사는 사회에서는 서로 법을 잘 지켜야 해." "법은 그 사회 구성원이 정하기 때문에 나라마다 다르고 시대마다 다르단다. 법이 어떻게 만들어지고 어떤 역할을 하는지 알면, 사회를 더 많이 이해할 수 있어." "그래도 태형은 너무해!" "그래, 그래서 사람들은 계속 법을 더 좋은 쪽으로 바꾸려고 노력한단다." (16~18, 21~22, 29~30쪽)

민주주의 국가에서 나라의 주인은 국민

▲민주주의 국가의 주인은 국민이다.

(나) "죄 없는 사람을 힘으로 괴롭히는 경우에 '권력을 남용한다.'고 해. 권력을 마음대로 휘두른다는 뜻이지. 지금도 권력을 남용하는 사람들이 있을 수 있어. 그래서 그러지 못하게 법과 제도를 만들어 놓았지. 권력을 입법권, 사법권, 행정권으로 나누는 거야." "옛날에는 왕이 모든 권력을 가지고 있었어. 나라의 주인이 왕이었기 때문이지. 지금은 국민이 주인이라고 할 수 있어. 법은 국민의 대표가 모인 국회에서 만드니까 결국 나라를 움직이는 건 국민이야. 국민이 만든 법에 따라 나라를 다스리는 것을 '법치주의'라고 해." (32, 35~36쪽)

이런 뜻이에요
태형 죄를 지은 사람의 볼기를 치는 형벌.

계약을 하면 법적인 책임도 져야

(다) "법은 우리 국민 모두의 약속인 거지. 더불어 사는 사람들이 함께 지키기로 약속한 내용이 바로 법이야. 법은 사람들 사이의 약속을 보호해 주기도 해. 계약이라고 들어 봤니? 사람들은 서로 다양한 관계를 맺고 무언가를 주고받으며 사는데, 그때 계약이 꼭 필요해. 아빠가 회사에 가시는 것도 계약에 따른 거야. 아빠는 회사

▲계약은 약속과 달리 법적인 책임이 따른다.

에 들어가기 전에 고용 계약이라는 걸 했거든. 회사에 가서 일하는 대신 매달 얼마큼의 돈을 받기로 약속한 거지. 계약은 약속과는 다르게 '법'의 테두리 안에서 이루어지기 때문에 신중해야 돼. 계약이 깨지면 법적인 책임도 져야 한단다." (45~46쪽)

법은 공정함을 실현하기 위해 만들어

(라) "엄마가 과자를 나눠 먹는 규칙을 말해 줬잖아! 첫째 어떤 과자든 똑같이 나누어 먹는다. 둘째 한 사람이 나누고 나머지 사람이 고른다."
"엄마는 과자를 나누는 규칙을 누구한테 배웠어요?" "과자를 나누는 방법은 『사회정의론』이라는 책에 나오는 이야기와 아주 비슷해. 간단히 말하면 이런 거야. 자원을 공정하게 나누려면, 모두 자기가 어떤 결과를 얻을지 알 수 없는 상

▲법은 정의로운 사회를 만든다.

황이어야 한다는 거지. 어느 한쪽에게 유리하지 않고 모두에게 공평한 기회를 주며 약한 사람을 보호해 주는 것, 그런 공정함이 바로 법의 정신이라고 할 수 있어." (56~60쪽)

본문 맛보기

여자와 노예는 정치에 참여하지 못해

▲정치에 참여할 수 있도록 투표권을 달라고 주장하다가 감옥에 가는 여성들.

(마) "미국에서는 원래 여자와 흑인 노예에게 투표권이 없었다는 사실 아니? 미국은 1776년 영국에서 독립하면서 세계 최초로 왕이 아니라 대통령이 나라를 다스리도록 정했어. 하지만 그때 대통령이 될 권리는 물론 대통령을 뽑을 권리도 남자한테만 주어졌지. 여자한테 투표권이 인정된 건 그로부터 100년도 훨씬 지나서였어. 그때도 일부 지역에서만 겨우 인정하기 시작했단다. 그전에는 여자가 투표를 했다는 이유로 재판을 받은 뒤 벌을 받기도 했어." "하지만 그러면 여자한테 불리한 법도 막 만들어질 것 아니에요?" (87~89쪽)

사람이면 누구나 인권을 누려야

▲사람이면 누구나 누려야 하는 인권이 있다.

(바) "인권은 인간답게 살 권리야. 인간이면 누구나 누릴 수 있고 또 누려야 하는 권리지. 생명 유지 권리, 교육을 받을 권리, 자기 스스로 결정할 권리, 자유롭게 다닐 권리 말이야." "그건 너무나 당연한 거 아니에요?" "맞아. 하지만 200년 전만해도 그렇게 당연한 인권을 제대로 누리지 못하는 사람들이 많았어. 노예 제도가 있었던 때를 생각해 보렴. 노예는 주인이 시키는 일만 하고, 가고 싶은 대로 갈 수도 없었지. 물건처럼 팔리기도 했지." "지금은 노예도 없는데 왜 인권이 중요해요?" "노예만큼은 아니지만, 여전히 사회에는 인권을 제대로 보장받지 못하는 사람들이 있기 때문이지." (96~97쪽)

생각이 쑤욱

1 (가)의 밑줄 친 부분에 해당하는 것처럼 집에서 학교에 가는 동안 지켜야 하는 법의 예를 세 가지만 들어보세요.

머리에 쏘옥

법의 필요성

법이 있어야 사람들이 안전하고 편안하게 생활할 수 있습니다.

법은 힘이 센 몇몇 사람들이 약한 사람들의 자유와 권리를 빼앗지 못하도록 막아 줍니다.

서로 이익을 더 가지려고 구성원들 사이에서 일어나는 다툼도 공정하게 해결하지요.

▲법은 정의로운 사회를 만드는 역할을 한다.

2 길에 쓰레기를 버리는 등 법을 지키지 않는 친구들에게 법을 지켜야 하는 까닭을 말해 주세요.

3 (바)를 참고해 학급 친구들 사이에 일어나는 인권 침해 사례를 있는 대로 들고, 인권을 소중히 여겨야 하는 까닭도 말해 보세요.

▲친구의 키가 작거나 뚱뚱하다고 놀린다.

머리에 쏘옥

학급의 운영 규칙

국가를 운영하려면 법이 필요하듯 학급을 운영하는 데도 규칙이 필요합니다.

학급의 규칙은 대개 반 친구들이 학급 회의를 통해 함께 정하지요. 높은 곳에서 뛰어 내리지 않기, 계단에서 뛰지 않기, 교실에 쓰레기 버리지 않기, 학급 물품 소중히 다루기 등을 들 수 있습니다.

이 밖에 학급의 특성에 맞게 자유롭게 정합니다. 예를 들어 순번을 정해 장애인 친구 돕기, 한 달에 한 번 학교 주변 쓰레기 줍기 등이 그 예입니다.

4 우리 학급 구성원들이 불만이 없도록 만드는 데 필요한 규칙을 다섯 가지만 정해 보세요.

5 (나)를 참고해 법이 있는데도 힘센 사람이 자기 마음대로 한다면 어떤 문제가 생길지 아는 대로 제시하세요.

머리에 쏘옥

권력을 나누어 가져야 하는 까닭

나라의 일을 할 때 어느 한 기관에만 권력이 집중되면, 그 기관이 잘못된 결정을 하거나 권력을 마음대로 휘두를 수 있습니다. 그러면 국민이 피해를 당하지요. 따라서 나라를 공정하게 운영하려면 권력을 나눠야 합니다.

그래서 입법권, 사법권, 행정권 등 세 가지로 나누지요.

입법권은 국회가 가지는데, 나라를 다스리는 데 필요한 법을 만드는 권력입니다.

사법권은 법원이 가지는데, 법에 따라 재판을 해서 잘잘못을 가립니다.

행정권은 정부가 가지는데, 법에 따라 나라의 살림을 합니다.

생각이 쑤욱

6 잘못 만들어진 법도 지켜야 하는지 아래 글을 참고해 자기 생각을 말해 보세요(1분).

고대 그리스의 철학자인 소크라테스(기원전 470?~기원전 399)는 청년들을 잘못 교육해서 망쳐 놓고, 나라에서 믿는 신 대신 다른 신을 믿는다는 이유로 사형 판결을 받았다. 그때는 사형 선고를 내리면 24시간 안에 독약을 마시게 되어 있었다. 그런데 사정이 생겨 사형이 미뤄지자, 한 친구가 탈출을 돕겠다고 말했다. 하지만 소크라테스는 "악법도 법이다."라고 말하며 독약을 마셨다.

▲독약이 든 잔을 드는 소크라테스.

머리에 쏘옥

정의롭지 못한 법은 바로잡아야

법은 정의를 실현하기 위해 만들었습니다. 양심에 따르는 도덕과 달리 사회의 질서를 유지하기 위해 꼭 지켜야 하는 약속과 같은 것이지요.

하지만 잘못 만들어진 법은 어길 수 있다는 의견도 있습니다. 옛날에도 잘못된 법이나 정의롭지 못한 정책을 바로잡기 위해 자발적으로 거부하거나 어긴 사례가 있습니다.

마틴 루터 킹(1929~1968) 목사는 흑인을 차별하는 정책을 시행한 미국 정부의 법률을 정면으로 거부하며 시민 운동을 펼쳤습니다.

▲마틴 루터 킹은 흑인 차별에 맞서 '버스 안 타기 운동'을 이끌었다.

7 아래 글을 참고해, 횡단보도를 건널 때 휴대전화를 사용하지 못하도록 금지하는 법을 만들어 달라고 국회를 설득해 보세요(300~400자).

최근 서울 송파구의 한 초등학교에서 하교하던 김모(11) 군은 정문을 나서면서 휴대전화에 눈을 고정했다. 차가 많이 다니는 왕복 4차로의 횡단보도를 건널 때도 마찬가지였다. 김 군은 음악에 따라 박자를 맞추는 휴대전화 게임을 하며 걸었다. 이날 김 군과 함께 횡단보도를 건넌 초등학생 8명 가운데 3명이 통화를 하거나 휴대전화를 들여다보며 걸었다. 한 연구소의 연구에 따르면 휴대전화를 보면서 걷다가 교통 사고를 당하는 사례는 갈수록 늘어나고 있다.

<신문 기사 참조>

▲한 초등학생이 휴대전화 화면을 쳐다보며 걷고 있다.

07 국내 문학
바람직한 소통 방법을 고민하자

『가정 통신문 소동』

송미경 지음, 스콜라 펴냄, 86쪽

 줄거리

비둘기초등학교에 새로 오신 교장 선생님은 가정 통신문을 없앱니다. 내용이 뻔하고 지루하다는 이유였지요. 그런데 갑자기 주말에 부모님이 아이들과 놀이공원에 가서 놀이 기구를 네 가지 이상 타고 사진을 찍어 보내라, 가족 모두 공원에 모여 댄스 파티를 열라는 등의 내용이 적힌 가정 통신문이 배달됩니다. 주말을 신나게 보내고 싶은 학생들이 가짜로 써서 보낸 것입니다. 이런 사실을 미리 안 교장 선생님은 들통날까 봐 고민하는 학생들을 안심시킵니다. 그리고 즐거운 내용이 가득한 가정 통신문을 쓰게 되었지요.

본문 맛보기

교장 선생님 새로 오신 뒤 가정 통신문 없애

▲비둘기초등학교에 교장 선생님이 새로 오신 뒤 가정 통신문이 사라졌다.

(가)초등학교에 다녀 본 아이라면 가정 통신문이 얼마나 지루한 인사말로 시작되는지 알고 있어요. 가정 통신문의 내용은 늘 비슷해요. '운동회나 소풍, 영어 말하기 대회가 있다', '시험을 치르겠다'는 내용뿐이에요. 아주 점잖고 지루한 단어들로만 되어 있지요. 어느 날 비둘기초등학교에서 가정 통신문이 사라졌어요. 교장 선생님이 다른 사람으로 바뀌고부터였지요. 새 교장 선생님은 이른 아침부터 집게와 봉투를 들고 학교 주변을 돌아다니며 사탕 막대기나 담배꽁초, 껌 종이 같은 것들을 주웠어요. (4~5쪽)

가정 통신문에 적힌 대로 놀이공원에 가서 놀아

▲이상이네 가족은 가정 통신문에 적힌 대로 놀이공원에 가서 놀았다.

(나)일주일 뒤, 이상이는 친구들과 만든 가짜 가정 통신문을 집으로 가져왔어요. 가족끼리 놀이공원에 가서 놀이 기구를 네 가지 이상 타고 사진을 찍어 제출하라는 내용이었어요. 다음 날 이상이네 가족은 놀이공원에 갔어요. 원래 이상이의 엄마 아빠는 토요일이 되면 밀린 잠을 자다가 저녁 늦게야 이상이를 데리고 마트에 가서 장을 봐 오는 게 전부였지요. 자유 이용권을 끊은 이상이가 여기저기 뛰어다니며 노는 동안 아빠는 커피를 마시며 하품을 하고 있었어요. 결국 아빠는 한숨을 쉬며 투덜거렸어요.(14~15, 18~19쪽)

본문 맛보기

가족과 함께 게임도 하고 댄스 파티도 즐겨

(다)이번 주 가정 통신문은 가족끼리 컴퓨터 게임이나 놀이를 한 뒤, 진 사람이 아주 긴 소감문을 써 내는 거예요. 이긴 사람의 소원도 들어줘야 한대요. 토요일이 되자 엄마와 아빠는 서로 소감문을 쓰지 않으려고 열심히 컴퓨터 게임을 했어요. 한 주가 지났어요. 이번에는 댄스 파티를 열라는 내용이에요. 무지개 공원에 모인 사람들은 각자 준비

▲무지개 공원에 모인 동네 사람들은 각자 준비한 댄스를 하며 즐겼다.

한 댄스를 선보였어요. 할아버지들은 이런 멋진 숙제를 내준 새 교장 선생님을 초대해 춤 실력을 확인하자고 했어요. (42, 46~47, 52쪽)

가짜 가정 통신문 밝혀질 위기에 놓여

(라)다음 날 공원에서 긴급 회의가 열렸어요. 이상이와 서진, 찬영, 리지는 미끄럼틀 아래에 쪼그리고 앉았어요. "이제 우린 끝장이야!" 찬영이가 흥분해서 말하자, 이상이가 기어들어 가는 목소리로 말했어요. "나도 일이 이렇게 커질 줄은 몰랐어." "이상이 네가 먼저 시작하자고 했으니 책임져!" 서진이만 빼고 모두 이상이에게 책임을 지라고 했어

▲가짜 가정 통신문을 보낸 아이들은 들통날 것이 두려워 미끄럼틀 아래서 긴급 회의를 했다.

요. "너희들이 즐거운 토요일을 보내고 싶다고 했잖아. 이상이에게 고마워할 때는 언제고 벌써 배신이니?" 서진이가 이상이의 편을 들며 소리쳤어요. (54, 56쪽)

 본문 맛보기

교장 선생님은 가짜 가정 통신문 미리 알아

▲교장 선생님은 학교 담벼락 뒤에 숨어 아이들에게 쪽지를 날렸다.

(마)이상이와 서진이가 함께 학교에 가는 길이었어요. 담벼락 뒤에서 캐러멜 두 개가 달린 쪽지가 날아왔어요. 진짜 교장 선생님이 쓴 거였어요. "사실 여러분을 믿고 지켜보고 있었어요. 나는 가정 통신문 쓰는 걸 정말 싫어해요. 이 학교에 오게 된 이유도 전에 있던 학교에서 학부모들이 가정 통신문을 보내라고 항의를 많이 했기 때문이에요. 하지만 여러분이 만든 가정 통신문을 읽으며 나도 재미있는 가정 통신문을 써 보기로 결심하게 되었어요. 하지만 거짓말한 것은 나빠요." (59~62쪽)

진짜 가정 통신문에도 즐거운 내용 가득

▲교장 선생님은 수돗가 뒤에서 낙서를 지우다 아이들의 이야기를 엿듣게 되었다.

(바)교장 선생님이 처음 아이들이 만든 가정 통신문을 발견한 건 학교 뒷길이에요. 아이들이 학교 운동장 구석에 모여 회의를 하던 날에는 수돗가 뒤에 쪼그리고 앉아 낙서를 지우다가 아이들의 이야기를 모두 듣게 되었고요. 교장 선생님은 매주 어떤 가정 통신문이 올까 궁금해서 견딜 수 없었어요. 그래서 아이들이 만든 가정 통신문을 구하려고 더 열심히 학교 주변을 돌아다녔답니다. 친구들이 만든 가정 통신문처럼 새 교장 선생님이 만든 가정 통신문도 즐거운 내용으로 가득했습니다. (63, 65, 67쪽)

생각이 쑤욱

1 (가)의 내용으로 보아 비둘기초등학교 학생들은 대개 주말을 어떻게 보냈을까요?

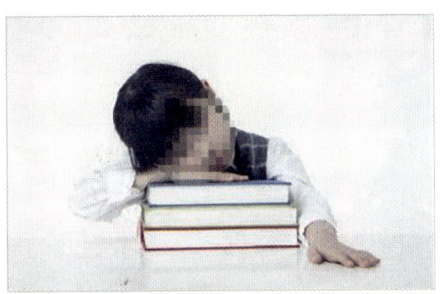

▲비둘기초등학교 아이들은 과제를 하거나 학원에 가느라 심심한 주말을 보냈다.

머리에 쏘옥

가족 소통의 걸림돌

스마트폰이나 컴퓨터를 하면서 혼자 보내는 시간이 늘어나 소통에 문제가 생긴 가정이 늘고 있어요.

가족 모두 시간을 내 놀러 가더라도 귀찮다며 혼자서 쉬는 등 다른 행동을 하는 경우도 있지요. 이처럼 가족과 어울리지 않고 혼자만 다른 행동을 하면 나머지 가족들의 기분이 상할 수 있습니다.

따라서 가족 등 여럿이 함께 시간을 보내기로 했다면, 분위기를 망치는 행동은 하지 말아야 합니다.

2 (나)에서 이상이의 아빠처럼, 가족 등 여러 사람이 함께 놀러갔는데 어울리지 않고 혼자만 다른 행동을 하면 가족의 소통에 어떤 문제가 생길까요?

▲이상이의 아빠는 가족끼리 놀이공원에 함께 가서 한숨을 쉬며 투덜거렸다.

생각이 쑥욱

3 (라)를 읽고, 이상이의 입장에서 가짜 가정 통신문 소동의 책임을 떠넘기는 친구들의 잘못을 따져서 자신을 변호하되, 친구들과 사이가 나빠지지 않도록 해 보세요.

▲다른 사람의 잘못을 지적할 때는 상대의 마음이 다치지 않게 배려해야 한다.

4 아이들이 학교에서 보내는 가정 통신문을 지루하게 느낀 까닭을 제시한 뒤, (다)를 참고해 학생들이 원하는 소통 방식을 말해 보세요.

▲가정 통신문에는 대개 대회 소식과 행사 소개처럼 지루한 내용이 많다.

머리에 쏘옥

잘못을 지적할 때 배려하면서 말하는 방법

다른 사람의 잘못을 지적할 때는 상대의 마음이 다치지 않게 배려해야 합니다. 자기 기분만 내세우며 상대를 공격하는 말투로 따지면 친구 관계가 벌어질 수 있습니다.

잘못을 지적하려면 상대의 기분을 충분히 이해한다고 말한 뒤, 자기 기분도 좋지 않다는 사실을 알리면 좋습니다. 그러면 상대의 잘못만 따질 때보다 받아들이기 쉽습니다.

바람직한 소통 방식

가정 통신문의 목적은 학교와 가정은 물론 학생과 학부모 사이의 의사 소통을 돕는 데 있습니다.

그런데 가정 통신문에는 각종 경시 대회 소식과 숙제나 준비물, 행사 내용처럼 일방적으로 전달하는 소식만 가득합니다.

가정 통신문대로 하면 학생들은 자기 생각이나 의견에 상관없이 무조건 따라야 합니다. 소통이 아니라 강요된 '불통'인 셈이지요.

따라서 학생들은 자기 참여나 의사 반영 없이 이뤄지는 가정 통신문에 불만을 느낀 것입니다.

생각이 쑤욱

5 (바)에서 학생들이 만든 가짜 가정 통신문처럼 즐거운 내용만 들어 있을 경우 어떤 문제가 생길지 지적하고, 바람직한 가정 통신문의 내용은 어떠해야 할지 이야기해 보세요.

| 비둘기초등학교 | 가정 통신문 | 제3호 |

이번 주는 아이가 좋아하는 컴퓨터 게임이나 놀이를 세 시간 이상 함께 한 뒤, 진 사람이 아주 긴 소감문을 써서 제출해 주시면 됩니다. 이긴 사람의 소원을 들어주는 것도 잊지 마세요.

아이들을 사랑하는 새 교장

▲아이들이 쓴 가짜 가정 통신문.

머리에 쏘옥

소통에 도움을 주는 바람직한 가정 통신문

　가정 통신문에 학생들을 즐겁게 해 줄 수 있는 내용만 가득하면 부모님께 알려야 할 소식이 빠져서 문제가 됩니다.

　그리고 놀이공원에 가는 과제가 주어졌을 경우 어떤 학생은 돈이 없어 마음이 다칠 수도 있지요. 부모가 맞벌이를 할 경우 가족 모두 참여하기 어렵기도 합니다.

　따라서 가정 통신문에는 학교 소식 등 지루한 내용도 담되, 돈이 안 들면서도 가족끼리 소통하는 데 도움이 되는 과제가 들어가면 좋습니다.

　그리고 학생들이 자기 미래를 탐색하는 데 도움이 되는 내용을 주면 더욱 좋지요.

▲아버지와 바둑을 두는 초등학생. 가정 통신문에는 가족끼리 소통하는 데 도움이 되는 과제가 들어가면 좋다.

생각이 쑥

6 이상이와 친구들이 일으킨 가짜 가정 통신문 소동의 결과는 좋게 마무리되었습니다. 그럼 좋은 목적을 이루기 위해 쓰이는 수단은 좀 나빠도 되는지 구체적인 예를 들어서 내 생각을 1분 동안 말해 보세요.

▲거짓말도 때론 필요할 때가 있다. 하지만 좋은 결과가 나왔어도 거짓말을 해서 이뤄진 경우 피해를 보는 사람이 생길 수 있다.

머리에 쏘옥

남을 돕는 데 쓰려고 돈을 훔쳐도 될까

목적이 좋은 일도 그 목적을 이루는 수단이 나쁘면 문제가 생길 수 있어요.

예를 들어 어떤 학생이 용돈을 모아 매월 가난한 나라의 어린이 1명에게 도움을 주고 있어요. 그런데 어느 날 더 많은 어린이를 돕고 싶어서 부모님의 돈을 훔쳤어요. 이런 경우 누군가를 돕는 목적은 좋지만, 실천 방법은 옳지 않습니다.

아무리 좋은 일을 해도 법에 맞지 않는 수단을 사용한다면 다른 사람에게 해를 입히게 됩니다. 그리고 그런 습관이 들면 나중에 더 큰 잘못을 저지를 수 있지요.

좋은 일을 해도 방법이 옳은지부터 고민해야 하는 이유가 여기에 있답니다.

▲가난한 아이들을 돕는 데 쓰려고 남의 돈을 훔치면 안 된다.

생각이 쑤욱

7 아래 글을 참고해서 다른 사람과 소통을 더 잘하려면 나에게 부족한 점은 무엇이며, 어떻게 노력해서 채울지 설명하세요(300~400자).

> 사람들은 말만 잘하면 소통 능력이 뛰어난 줄 안다. 하지만 이런 사람들은 상대의 말을 경청하기보다는 먼저 자기 생각을 말하느라 바쁘다. 소통을 잘하고 싶으면 먼저 상대의 마음을 읽어야 한다. 마음을 읽으려면 경청해야 한다. 경청하려면 정성을 다해 들어야 한다. 상대가 하는 말 한마디나 표정, 반응 등을 하나라도 놓치면 안 된다. 이렇게 해야 상대는 마음을 열기 시작한다. 누군가 자기의 말을 열심히 들어주는데 싫어하는 사람은 없다.
>
> <신문 기사 참조>

▲다른 사람과 소통을 잘하고 싶으면 먼저 경청해야 한다.

08 국내 문학
선생님의 관심이 학생을 자라게 한다

『최기봉을 찾아라!』

김선정 지음, 푸른책들 펴냄, 88쪽

 **줄거리**

최기봉 선생님은 15년 전의 한 제자에게 도장을 선물로 받습니다. 엄지손가락을 높이 든 '엄지 도장'과 우는 얼굴을 한 '울보 도장' 두 종류지요. 그런데 '엄지 도장'이 사라집니다. 그 뒤 엄지 도장이 결재 서류나 상장 등을 가리지 않고 마구 찍히는 바람에 학교가 발칵 뒤집힙니다. 최기봉 선생님이 '공포의 두식이들'(형식이와 현식이)을 의심하자, 두식이들은 공주리가 수상하다고 합니다. 그래서 이들 셋을 '도장 특공대'로 임명해 범인을 찾게 합니다. 평소 아이들에게 관심이 없던 선생님은 도장 특공대와 함께 범인을 찾으면서 아이들에게 관심을 갖기 시작합니다.

본문 맛보기

선생님의 '엄지 도장'이 사라지다

▲책상 서랍에 넣어 두었던 최기봉 선생님의 엄지 도장이 사라졌다.

(가)"얘들아, 이것 좀 봐라. 15년 전에 가르쳤던 어떤 제자가 내 이름이 새겨진 도장을 선물로 보내 왔다." 최기봉 선생님은 도장판을 만들고, 착한 행동을 하면 '엄지 도장'을, 말썽을 피우면 '울보 도장'을 찍어 주겠다고 말했습니다. 울보 도장은 공포의 두식이들이 독차지하였지요. 그 뒤를 공주리가 아슬아슬하게 추격하고 있었습니다. 어느 날 아침, 학교에 출근한 최기봉 선생님은 깜짝 놀랐습니다. 눈부시게 하얀 벽에 엄지 도장이 서른 개쯤 찍혀 있었으니까요. "엄지 도장이 왜 저기에…." 선생님은 부랴부랴 교실로 돌아와 책상 서랍을 뒤졌지만 엄지 도장은 없었습니다. (9~20쪽)

'문제아'들이 범인으로 의심 받아

▲도장을 훔쳐간 범인은 학교 곳곳에 남 모르게 도장을 찍어 댔다.

(나)범인은 잡히지 않고 도장은 잊을 만하면 계속 나타났습니다. "도장이 없어지면 속이 시원할 것 같다고 생각했지?" 최기봉 선생님은 두식이들이 범인이라고 확신하고 나무랐습니다. "저희는 진짜 도장 안 훔쳤어요." 형식이가 소리를 지르며 눈물을 흘렸지요. "선생님, 제가 봤는데요. 공주리의 기분이 아주 좋은 것 같아요. 도장이 없어져서 신이 난 것 같다니까요." 입을 다물고 있던 현식이가 말했습니다. "공주리?" 최기봉 선생님은 공주리가 누군지 선뜻 생각나지 않았습니다. 공주리는 머리를 너무 세게 묶어서 늘 눈이 좀 올라간 것처럼 보이는 아이, 목소리도 기억나지 않는 아이였지요. "그래, 공주리도 있었구나!" 최기봉 선생님은 아랫입술을 질끈 깨물었습니다. (23~37쪽)

'도장 특공대' 임명하고 도장 찾아 나서

(다) "너희 셋을 '도장 특공대'로 임명한다. 도장을 훔쳐 간 범인이 누구인지 철저히 수사해서 밝혀 낼 것." 아이들은 모두 부럽다는 듯이 세 아이를 바라보았습니다. "어때? 수사는 해 봤어?" 선생님의 물음에 형식이는 교장 선생님을, 현식이는 유보라 선생님을 용의자로 지목했습니다. 다른 사람과 잘 지내 왔다고 생각했는데 자길 싫어하는 사람이 두 명이나 있었다는 아이들의 말에 최기봉 선생님은 서글퍼졌습니다. 아이들은 신나는 일이라도 생긴 듯 종알거리며 교실로 돌아갔지요. '저놈들이 저렇게 즐거워한 적이 있었던가?' 순간 최기봉 선생님의 눈에는 늘 표정 없는 공주리의 얼굴이 웃는 것처럼 보였습니다. (40~45쪽)

▲최기봉 선생님은 도장 특공대와 함께 범인을 찾아 나섰다.

아이 머리 쓰다듬어 본 게 발령 뒤 처음

(라) "제가 형식이 애비입니다." 박 기사 아저씨가 말했습니다. 형식이의 엄마는 어린 형식이를 두고 집을 나가 버렸고, 박 기사 아저씨도 나이 든 부모님께 형식이를 맡기고 돈을 벌러 나갔습니다. "이제 애비 노릇을 할 수 있을 것 같은데 이놈이 통 곁을 내주지 않네요." 도장이 한 번도 발견되지 않은 날, 최기봉 선생님은 형식이를 불렀습니다. "넌 선생님 어렸을 때 비하면 행복한 거니까 즐겁게 지내. 할머니도 계시고, 할아버지도 계시고, 또… 흠… 또 아빠도 계시지 않냐?" 최기봉 선생님이 형식이의 머리통을 쓰다듬었습니다. 아이의 머리를 쓰다듬어 본 것은 발령이 난 뒤로 처음 있는 일이었지요. (58~62쪽)

▲최기봉 선생님은 형식이의 집안 사정을 알고, 서툴지만 그를 위로해 주었다.

본문 맛보기

열심히 청소해도 아무도 알아주지 않아

▲유보라 선생님은 공주리가 범인임을 알고 있었다.

(마)"네가 해 놓고 도장 특공대까지 한 거야?" 유보라 선생님이 공주리를 다그쳤습니다. 유보라 선생님은 공주리의 모습을 보면서 열두 살 때 자신의 모습을 떠올렸지요. 열심히 청소해도 선생님은 단 한 번도 자신을 바라보지 않았습니다. 공주리가 아무리 깨끗하게 걸레질을 해도 최기봉 선생님이 알아주지 않았던 것처럼 말이지요. "네가 계속 얘기 안 하면 선생님이 직접 최기봉 선생님께 말할 수밖에 없어." 유보라 선생님은 공주리가 최기봉 선생님의 관심을 끌기 위해 도장을 가져갔다고 생각했습니다. (67~68쪽, 73~74쪽)

따뜻한 정 받은 적 없어 주는 법도 몰라

▲최기봉 선생님께 도장을 선물한 제자는 유보라 선생님이었다.

(바)상자 안에는 잃어버린 최기봉 도장과 편지가 들어 있었습니다. "선생님 반에서 15년 전의 저와 닮은 아이를 보고 많이 울었습니다. 도장을 보내면서 선생님이 그 아이를 바라봐 주시길 바랐어요. 저는 선생님 반 공주리와 비슷했던 15년 전의 보라예요." 아이들이 돌아간 오후, 최기봉 선생님은 유보라 선생님을 찾아갔습니다. "보라야, 난 따뜻한 정을 받아본 적이 없다. 남에게 정을 주는 법도 몰랐어. 너희가 나에게 다가오는 게 무서웠다. 어떻게 해야 할지 몰라서 아무것도 주지도 않고 받지도 않는 사람이 되려고 했지. 미안하다… 보라야…." 최기봉 선생님의 목소리는 유보라 선생님의 울음소리에 묻혀 들리지 않았습니다. (76~79쪽)

생각이 쑤욱

1 과거 배웠던 선생님들 가운데 나에게 가장 무관심했던 선생님 한 분을 떠올리고, 드리고 싶은 선물도 정해 보세요. 그리고 선물에 함께 넣을 화해의 쪽지도 남겨 보세요.

▲마음을 먼저 열고 표현하는 사람이 용기 있는 사람이다.

2 최기봉 선생님이 자기가 맡은 반 학생들에게 관심을 갖지 않아서 생길 수 있는 문제를 아는 대로 말해 보세요.

▲관심은 서먹한 관계를 풀 수 있는 열쇠다.

머리에 쏘옥

관심을 가져야 서로의 사이가 가까워져

누군가 관심을 가져 주면 행복해집니다. 그리고 관심을 가지고 보면 상대가 어떤 사람인지 더 자세히 알 수 있습니다. 그래서 친해지고 싶은 친구에게 관심을 쏟기 시작하면 둘 사이는 전보다 더 친해집니다.

선생님과 학생도 마찬가지입니다. 하지만 최기봉 선생님은 학생들에게 관심이 없었습니다. 새 학년이 된 지 한참이 지났지만, 자기 반 학생인 공주리를 떠올리지 못할 정도입니다.

최기봉 선생님이 학생들에게 관심을 갖지 않으면 학생들도 최기봉 선생님을 멀리하고 관계도 더 서먹서먹해질 것입니다.

선생님과 학생들 사이가 벌어지면 반 분위기도 나빠지겠지요. 이렇게 되면 공부도 제대로 되지 않지요. 선생님의 설명을 듣지 않는 학생이 생길 수 있으니까요.

선생님의 말씀이 듣기 싫은 잔소리로 들릴 수도 있습니다. 그러다 보면 학생들이 선생님을 존경하는 마음이 사라지지요.

생각이 쑥욱

3 최기봉 선생님이 도장을 훔친 의심을 받는 세 아이를 '도장 특공대'로 임명한 까닭을 추측해 보세요.

▲선생님과 아이들은 문제를 함께 해결하면서 서로에게 마음의 문을 연다.

4 최기봉 선생님은 반 아이들에게 자기 마음을 잘 표현하지 못합니다. 반 아이들에게 자기 마음을 잘 표현할 수 있는 방법을 여러분이 알려 주세요.

▲이름을 기억하고 불러 주는 것도 관심의 표현이다.

머리에 쏘옥

최기봉 선생님이 '도장 특공대'를 임명한 까닭

최기봉 선생님은 도장을 훔쳐 간 범인으로 형식이와 현식이를 의심합니다. 그다음엔 공주리도 의심하지요.

하지만 증거가 없는데도 셋을 의심하는 것은 바람직하지 않다고 생각했을 것입니다.

의심을 받던 세 아이는 선생님을 미워하기보다는 '도장 특공대'로 활동하게 된 것을 즐거워했습니다. 항상 야단만 치던 선생님이 자기들을 믿고 책임을 맡겨 주었으니까요. 그리고 선생님 곁에서 시간을 보내며 선생님과 더 가까워질 수 있을 테니까요.

선생님도 도장 특공대와 문제를 함께 해결하는 과정에서 그동안 몰랐던 형식이의 집안 사정을 아는 등 아이들과 더 가까워집니다.

학교에 발령을 받은 뒤 처음 아이의 머리를 쓰다듬어 준 것을 보면, 선생님도 아이들에게 마음을 열기 시작한 것이지요.

아이들은 자기들에게 마음의 문을 열고 마음을 표현하기 시작한 선생님을 더 따르고 존경할 것입니다.

생각이 쑤욱

5 유보라 선생님이 공주리가 범인임을 알고도 비밀에 부친 까닭은 무엇인가요? 그리고 내가 유보라 선생님이라면 어떻게 해결할지도 생각해 보세요.

▲유보라 선생님은 공주리가 진실을 직접 밝히도록 기다려 주었다.

머리에 쏘옥

유보라 선생님과 공주리

유보라 선생님은 공주리를 보고 자신의 어린 시절을 떠올립니다. 학교에서 있는 듯 없는 듯 생활하는 공주리가 자기의 과거 모습과 닮았던 것이지요.

유보라 선생님은 공주리가 도장을 훔친 범인임을 알고, 처음엔 다그치지만 스스로 해결하도록 시간을 줍니다.

최기봉 선생님에게 관심을 받고 싶어 도장을 훔친 공주리의 마음을 알고 있었기 때문이지요.

83

생각이 쏘옥

6 변호사 입장에서 도장을 훔친 범인이면서도 '도장 특공대'로 활동한 공주리의 행동을 1분 동안 변호하세요.

▲공주리는 최기봉 선생님의 관심을 받고 싶었다.

머리에 쏘옥

선생님과 멀어질 것이 두려웠던 공주리

아무것도 하지 않아 '울보 도장'을 많이 받은 공주리가 가장 잘하는 것은 걸레질입니다.

아무도 알아주는 사람이 없지만 공주리는 열심히 걸레질을 했지요. 그렇게 해서라도 최기봉 선생님의 눈에 들고 싶었던 겁니다.

유보라 선생님도 이러한 공주리의 마음을 알고 있었지요. 그런데 최기봉 선생님만 공주리의 마음을 몰랐습니다.

훔친 도장을 학교 곳곳에 찍어 대는 것이 잘못된 행동임을 공주리도 알고 있었을 것입니다.

하지만 도장이 찍힐 때마다 최기봉 선생님이 자기 행동에 관심을 갖는 것을 보고 쉽게 멈출 수 없었던 거지요. 또 자기를 도장 특공대로 임명해 준 선생님에게 자기가 범인이라는 사실을 쉽게 털어놓지 못했을 것입니다. 선생님과 다시 멀어지는 것이 두려웠을 테니까요.

생각이 쑤욱

7 선생님이 학생들과 가까워지고 모범이 되려면 학생들을 어떻게 대해야 할지 지금까지 배운 책 내용과 아래 글을 참고해 말해 보세요(300~400자).

경기도 안성초등학교에는 과거 스승과 제자였던 선생님들이 있다. 스승이었던 홍보근 선생님과 제자였던 이명숙 선생님이 주인공이다. 이명숙 선생님은 홍보근 선생님을 보면서 교사의 꿈을 키웠다. "2학년 추운 겨울날 도시락을 먹는데, 홍보근 선생님께서 노란 주전자를 들고 다니면서 도시락에 따뜻한 물을 부어 주셨어요. 그 모습을 보면서 '나도 저렇게 마음이 따뜻한 선생님이 되고 싶다.'고 다짐했지요." 홍보근 선생님도 이명숙 선생님이 퇴임을 앞둔 자기를 위해 함께 봉사 활동을 다녀 주었다며, 제자의 고마움에 눈시울을 붉혔다.

<신문 기사 참조>

▲선생님의 따뜻한 마음을 본받아 교사가 되는 꿈을 이뤘다.

09 국내 문학
축구 통해 지혜와 용기, 절제, 정의 가르쳐

『소크라테스 아저씨네 축구단』
김하은 지음, 주니어김영사 펴냄, 174쪽

 **줄거리**

　동연이는 스타 축구 선수가 되고 싶습니다. 그런데 축구가 생각만큼 안 될 때마다 축구화나 축구공을 새로 사면서 기분을 풉니다. 어느 날 축구 스타의 꿈을 안고 들어간 방과후 축구단에서 '소크라테스'라는 특이한 이름을 가진 감독을 만납니다. 동연이는 감독과 아이들이 첫 시간부터 축구 복장을 제대로 하지 않고 나타나자 못마땅해 합니다. 게다가 소크라테스 감독은 축구를 가르쳐 줄 생각은 하지 않고, "축구란 무엇일까?" "우리가 안다고 생각하는 게 진짜로 아는 걸까?"와 같은 이상한 질문만 합니다.

본문 맛보기

축구는 발로 차는 운동만은 아니야

▲방과후 축구 수업 시간에 제대로 된 축구 복장을 한 학생은 없었다.

(가)동연이는 방과후 축구 수업에 갔다. 그런데 자기처럼 운동복과 축구화를 제대로 차려 입은 아이는 없었다. 소크라테스 감독도 낡은 운동복에 축구화가 아닌 운동화 차림이었다. 축구화도 안 신은 감독이라니, 동연이는 코웃음을 쳤다. 감독이 물었다. "첫 수업 시간이니 너희에게 물어볼 말이 있다. 축구가 무엇일까?" 최재혁이 대답했다. "축구는 발로 차는 운동입니다." "축구를 운동이라고만 이야기하는 게 맞을까? 우리가 안다고 생각하는 게 진짜 아는 걸까? 너희는 어떻게 생각하니?" (13～15쪽)

자기 한계 인정해야 축구를 잘할 수 있어

▲동연이는 축구화 대신 낡은 운동화를 신은 준서를 무시했다.

(나)동연이는 공을 잡으려 할 때마다 준서가 낚아채는 바람에 헛발질만 했다. "구질구질한 운동화나 신은 게…." 동연이가 조그맣게 이야기했는데, 옆에서 뛰던 감독이 멈춰 섰다. "운동화를 신으면 안 되니?" "프로 선수들 중에 운동화를 신고 뛰는 사람은 없어요." 그날 동연이는 기분이 나빴다. 수업을 마치고 새 축구화를 또 사러 '골든골 스포츠'로 달려갔다. 그곳에서 소크라테스 감독을 만났다. "동연아, 축구는 자신의 한계를 인정하는 거란다. 그러려면 절제할 필요가 있어." (28, 30, 35쪽)

본문 맛보기

이기적인 축구를 하면 이겨도 정의롭지 못해

(다)동연이는 자기가 골을 못 넣은 게 아영이 탓이라고 여겼다. 감독이 말했다. "동연아, 아영이는 공을 제멋대로 주는 너와 같은 편이었잖아." "아영이는 축구를 못한다고요!" "그건 차별 같은데…. 정의롭지도 못하고. 그러면 진리를 얻을 수 있을까? 참다운 진리는 정의로 얻을 수 있어. 바꿔 말하면, 정의롭지 못한 사람은 참다운 진리를 얻을 수 없지. 너만 생각하는 축구, 그게 과연 정의로울까?" 소크라테스 감독의 마지막 말이 동연이에게 아프게 다가왔다. (55, 59~60쪽)

▲동연이는 이기적으로 경기를 하면 이겨도 정의롭지 못하다는 감독의 말에 뜨끔했다.

반칙하면 상대 선수는 크게 다칠 수 있어

(라)동연이는 상대편인 수빈이를 일부러 밀어 넘어뜨렸는데도, 괜찮냐고 묻지 않았다. 잠시 뒤 동연이가 골을 넣었다. 그런데 같은 편인 친구들이 기뻐하지 않았다. 경기가 끝나자 감독이 동연이에게 다가와 축구양말을 내리고 상처를 보여 줬다. "상대편에서 백태클을 했는데 스파이크에 종아리가 찢어졌지. 한동안 제대로 걷지도 못했어." 동연이는 병건이를 떠올렸다. 자기가 조그만 더 깊게 백태클을 했다면 병건이의 종아리에도 큰 상처가 날 수 있었다. 상상만 해도 소름이 끼쳤다. (72~77, 81쪽)

▲축구할 때 이기려고만 들면 상대 선수를 다치게 할 수 있다.

이런 뜻이에요

백태클 축구 경기에서 상대편 선수의 뒤쪽에서 뛰어들어 상대를 넘어뜨려 공을 빼앗는 동작.
스파이크 축구화. 바닥에 뾰족한 징을 박은 운동화를 말한다.

본문 맛보기

규칙은 만들기 나름… 절대적인 것은 없어

▲축구는 혼자보다는 여럿이 협동해서 공을 막는 것이 더 쉽다.

(마)혼자서 공을 막을 때는 힘들었지만 둘이서 함께 하니 훨씬 쉬웠다. 감독이 다음 경기의 후보 선수를 말하려는데, 아영이가 남겠다고 했다. 동연이는 자기가 이런 말을 할 자격이 있을지 고민했지만, 가만히 있으면 아영이의 기회를 뺏는 사람이 될 것 같아 말을 했다. "아영이는 수비는 잘해. 원래 열한 명이 뛰는 게 맞지만 규칙은 만들기 나름이야. 축구장에서 억울한 사람이 생기면 안 되겠지?" 그 말을 들은 감독이 껄껄 웃으며 말했다. "오늘 큰 깨달음을 줘서 고맙다." (104~109쪽)

참답게 살려면 용기 있게 살아야

▲동연이는 친구들에게 미안하다고 사과할 용기를 얻었다.

(바)"동연이는 참 용기 있는 친구야. 아영이의 좋은 점을 친구들한테 이야기했잖아? 그런 용기는 아무나 낼 수 없어. 참다운 삶이란 용기 있는 삶이라고 생각해. 정정당당하고 용기 있게 살다 보면 참다운 삶은 저절로 찾아올 거야." 동연이는 기다리지 못하고 날려 버린 사과할 기회, 함께할 기회들을 돌아보았다. 감독이 말했다. "자기가 결정한 일에 최선을 다하면 참된 지혜를 얻을 수 있단다." 동연이는 골키퍼를 맡은 주영이와 나란히 뛰었다. "잘 부탁한다." (120~124, 136쪽)

생각이 쑤욱

1 (가)에서 소크라테스 감독이 "축구가 무엇일까?"라고 물은 까닭은 무엇이며, 내가 최재혁이라면 무엇이라고 대답하겠습니까?

▲소크라테스 감독은 아이들이 틀에 박힌 생각인 고정 관념을 깨기를 바랐다.

> **머리에 쏘옥**
>
> **틀에 박힌 고정 관념을 깨는 생각**
>
> 고정 관념은 어떤 사람이나 사물에 대해 틀에 박혀 잘 바뀌지 않는 지식이나 믿음을 말합니다.
>
> 고정 관념이 생기면 축구나 야구, 등산 등을 할 때 각각 어울리는 복장을 해야 한다고 생각합니다. 그래서 어떤 운동을 할 때마다 어울리는 복장을 준비합니다.
>
> 고정 관념을 깨면서 사는 사람들은 어떤 운동을 하든지 복장에 큰 신경을 쓰지 않습니다.
>
> 복장보다는 운동이 주는 의미를 더 소중하게 생각합니다. 운동을 공동체 의식을 다지는 통로로 생각할 수도 있습니다. 함께 뛰면서 팀원을 배려하는 마음을 배우고, 공동체의 단합을 다질 수 있기 때문입니다.

2 (나)에서 동연이에게 새 축구화를 사는 습관을 고칠 수 있도록 충고해 보세요.

▲소크라테스 감독은 동연이에게 자신의 한계를 인정해야 축구를 잘 할 수 있다고 충고한다.

생각이 쑤욱

3 (다)에서, 공동체 생활을 할 때 자기 이익만 위해 행동할 경우 어떻게 될지, 축구를 예로 들어 설명하세요.

▲그리스의 철학자 소크라테스(기원전 470~기원전 399)는 자기 이익만 생각하는 행동을 경계했다.

> **머리에 쏘옥**
>
> **소크라테스의 생각**
>
> 소크라테스는 고대 그리스의 철학자입니다. 아테네에 살면서 많은 제자들을 가르쳤지요.
>
> 그때 아테네는 정치나 경제, 문화가 무척 발달해 있었어요. 하지만 주변 국가들과 전쟁이 많아 사회가 혼란해져서 사람들이 자기 이익만 챙기려고 했어요. 유명한 학자들도 실용적인 지식만 가르치면서, 사람들은 점점 도덕과는 멀어졌어요.
>
> 그래서 소크라테스는 변하지 않는 진리가 무엇인지 탐구했어요. 사람들이 올바른 행동이 무엇인지 알면 부끄러워서 그런 행동을 하지 않을 것으로 생각했기 때문이지요. 그리고 공동체 모두의 이익과 도덕을 위해 행동할 것이라고 믿었지요.

4 (라)에서 친구들은 동연이가 골을 넣었는데도 기뻐하지 않았습니다. 내가 우리 학교의 대표 선수가 되어 경기에 나갔는데, 이기기 위해서라면 심판 모르게 반칙을 하겠는지 말해 보세요.

생각이 쑤욱

5 아래 주어진 〈상황〉에서 (마)의 동연이와 그전의 동연이가 각각 어떻게 행동했을지 말하고, 모든 규칙은 정해진 그대로 지켜야 하는지 자신의 생각을 밝히세요.

〈상황〉

우리 반은 지각한 사람이 그날 화장실 청소를 하기로 규칙을 정하였습니다. 오늘은 아영이가 지각해서 여학생 화장실을 청소해야 합니다. 그런데 아영이가 갑자기 아프다며 청소를 못하겠다고 합니다.

▲갑자기 아픈 아영이.

머리에 쏘옥

규칙과 융통성

친구들과 놀이를 하면서 즐겁게 놀려면 놀이 규칙이 필요합니다. 축구 경기는 11명으로 한 팀을 구성하는데, 상대방은 12명이 선수로 나올 경우 불공정하지요.

학교에서 여러 사람이 편하게 지내려고 해도 학교 규칙이 필요합니다.

이렇게 공동체에서 여러 사람이 다 같이 지키기로 정한 약속을 규칙이라고 합니다.

공동체 생활을 하면서 정해진 규칙을 지키지 않으면 다른 사람이 피해를 보고, 공동체 전체가 무질서해집니다.

하지만 규칙에도 예외는 있습니다. 예를 들어 아영이가 축구를 하고 싶은 욕구가 강한데도, 축구 실력이 모자라 11명 안에 들지 못해 빼 버리면, 잘하는 사람만 즐길 수 있게 됩니다. 따라서 이런 때는 융통성을 발휘해 상대 팀에게도 선수를 12명으로 하자고 제안할 수 있습니다.

생각이 쑤욱

6 (바)에서 소크라테스 감독은 아영이의 좋은 점을 친구들에게 이야기해 준 동연이에게 용기가 있다며 칭찬했습니다. 내가 생각하는 참다운 용기란 무엇인지 예를 들어 설명하세요.

☞ 보복을 당할까 봐 학교 폭력을 당하는 사실을 숨기는 친구에게 용기를 내서 선생님이나 부모님께 이야기하도록 격려할 수 있습니다. 어떤 방법으로 이야기할지 조언하면 더 좋습니다.

▲불이 나서 까맣게 탄 강원도 고성의 한 산에서 싹을 틔운 산부추. 환경을 탓하지 않고 자신을 지켜 내는 일도 참다운 용기다.

머리에 쏘옥

참다운 용기

행운이와 엄마가 산불이 났던 강원도 고성으로 체험을 갔습니다. 행운이가 이 책을 읽고 배운 '용기'라는 말이 떠올라 엄마에게 참다운 용기가 무엇인지 여쭤봤습니다.

"작은 고양이가 자기보다 몸집이 훨씬 큰 개를 노려보면서 으르렁대는 게 참다운 용기인가요?"

엄마는 잠시 생각하다가 "그래, 네 말도 맞다. 그런데 참다운 용기는 그 이상이란다." 하고 말씀하셨어요.

얼마를 가다 보니 산불이 나서 잿더미가 된 숲에 이르렀습니다. 아직도 검게 그을려 풀 한 포기 자라지 않은 곳이었습니다. 그런데 자세히 보니 검게 그을린 땅을 뚫고 작은 꽃 한 송이가 피어 있었습니다. 엄마는 그 꽃을 가리키며 행운이에게 말했습니다.

"행운아, 참다운 용기란 바로 저 꽃과 같은 것이란다."

힘센 사람에게 도전해서 이기는 것도 용기라고 할 수 있습니다. 그런데 아무리 환경이 어려워도 꺾이지 않고 자신을 지키며 키워 나가는 것이 더 큰 용기라고 할 수 있지요.

7 학교나 집에서 공동체 생활을 하면서, 나는 '이기적인 축구'를 하지는 않았는지 돌이켜보고, 고칠 점을 찾아내 실천 다짐을 해 보세요(300~400).

어렸을 적부터 부모님을 도와 청소나 심부름 등을 많이 한 어린이가 사회적으로 성공한다는 연구 결과가 나왔다. 미국의 한 신문에 따르면, 미네소타대학 연구진이 어린이 84명의 성장 과정을 추적해 분석한 결과 어릴 적부터 집안일을 도운 어린이들이 가족이나 친구들과의 관계도 좋고 공부도 잘했다. 그리고 나중에 직업적으로도 성공한 것으로 나타났다. 이 신문은 어른을 도와 집안일을 하다 보면 자신이 맡은 일에 책임감이 생기고, 일을 끝마친 뒤에는 자신감이 커지기 때문이라고 분석했다. 또 집안일을 하는 과정에서 '다른 가족에게 무엇이 필요할까' 고민하기 때문에, 다른 사람을 배려하는 습관도 길러진다고 덧붙였다.

<신문 기사 참조>

▲어렸을 적부터 집안일을 도우면 커서 성공할 가능성이 크다고 한다.

공동체에서 협력하며 슬기롭게 사는 법

10 세계 문학

『해리엇』

한윤섭 지음, 문학동네 펴냄, 156쪽

 줄거리

　자바원숭이 찰리는 태어난 지 얼마 안 돼 사람들에게 잡혀서 한 어린이의 집에 살다가 동물원으로 보내집니다. 거북이 해리엇은 난폭한 개코원숭이 스미스에게서 찰리를 지켜 줍니다. 그런데 찰리는 자신을 괴롭히는 스미스의 아기 생명을 구해 줘, 해리엇에게 받은 사랑을 실천합니다. 그 뒤 스미스의 태도가 바뀌어 해리엇에게 고마움을 전하지요. 175세의 해리엇은 자신의 죽음을 예감하고, 동물원 친구들에게 사이좋게 지내라며 마지막 인사를 전합니다. 찰리와 동물원 친구들은 해리엇의 소원대로 바다에 가서 죽음을 맞을 수 있도록 해리엇의 탈출을 돕습니다.

본문 맛보기

찰리는 사람들에게 잡혀 실내 동물원에 보내져

▲실내 동물원은 식물원처럼 나무들이 제법 울창했다.

(가)자바원숭이 찰리는 숲에서 엄마와 시간을 보내다가 사람들에게 붙잡혀 공원 관리소에 보내졌다. 찰리는 마침 그곳에 온 한 아이의 눈에 띄었고, 공원 관리소의 허락으로 아이와 함께 살게 되었다. 그러던 어느 날 아이가 학교에 가게 되면서 찰리는 아이의 아빠가 운영하는 실내 동물원에 맡겨졌다. 동물원은 식물원처럼 나무들도 제법 울창했다. 위층과 아래층이 분리되어 있었는데, 위층에는 각기 다른 원숭이들이 칸칸이 살고 있었다. 아래층에는 여러 종류의 동물이 각각의 우리에서 지내고 있었다. (12, 35쪽)

이곳은 잡아먹히거나 도망 다닐 일이 없는 세상

▲찰리는 성격이 난폭한 개코원숭이 스미스와 눈이 마주치자 잔뜩 겁을 먹었다.

(나)찰리는 개코원숭이 스미스와 눈이 마주치자, 등에서 소름이 돋고 털이 곤두서는 듯했다. 개코원숭이의 난폭한 성격을 알기 때문이었다. "안녕, 친구." 거북이 해리엇의 목소리는 따뜻했다. "지금 저한테 친구라고 하셨나요?" "그래, 어떤 동물이든, 나이가 많든 적든 이곳에서는 다 친구지. 숲에서처럼 잡아먹거나 도망 다닐 필요가 없는 곳이니까. 찰리, 이곳은 사람의 세상이야. 모든 것이 다르지. 하지만 잘 해낼 수 있을 거야." 찰리는 순간 울컥하고 눈물이 쏟아질 것 같았다. (36, 39~41쪽)

본문 맛보기

스미스는 찰리에게 돌 던지고 열쇠 빼앗으려 해

(다)찰리는 한쪽 구석에 웅크리고 앉았다. 스미스가 손안에 든 돌을 만지작거렸다. 어쩌면 스미스의 돌에 맞아 죽게 될 거란 예감마저 들었다. 온몸에 두려움이 밀려왔다. 스미스가 찰리에게 돌을 던졌다. 찰리는 돌을 피하려다 손에 쥐고 있던 열쇠를 떨어뜨렸다. 사육사의 사무실에서 가져온 우리 열쇠였다.

▲찰리는 스미스가 던진 돌을 피하려다 사육사의 사무실에서 가져온 열쇠를 손에서 떨어뜨렸다.

스미스가 말했다. "그 열쇠 이리 줘." "싫어요!" 찰리는 용기를 냈다. 잠시 뒤 달빛 아래로 해리엇이 모습을 보였다. "아가, 두려워할 것 없다. 난 네 친구다. 그걸 말해 주려고 온 거야." (53, 57~60쪽)

사육사는 찰리를 해리엇과 같은 우리로 옮겨

(라)"해리엇, 여긴 내 구역이니 돌아가요." "스미스, 언제까지 영역 이야기를 할 건가. 여긴 사람이 가둬 둔 우리야. 그런 걸 나눠 봤자 무슨 소용이야. 이제 다른 동물을 괴롭히지 마. 난 오늘 이 자리에서 잠을 잘 거야." 사육사는 해리엇이 찰리의 우리 앞에서 이틀이나 잠을 잔 사실을 알았다. 사육사는 찰리를 해리

▲사육사는 찰리를 해리엇과 늙은 너구리 올드 등이 함께 지내는 아래층 우리로 옮겼다.

엇과 늙은 너구리 올드, 코알라 등이 사는 아래층 우리로 옮겼다. 찰리는 나이가 백칠십이 넘은 해리엇, 너구리 올드, 코알라, 여우 등과 지내는 이 순간이 행복했다. (62~65, 79~85쪽)

본문 맛보기

찰리는 자기 괴롭힌 스미스의 아기 생명 구해

▲동물원의 우리에 갇혀 생활하는 원숭이가 사람이 주는 먹이를 받아먹고 있다.

(마) "스미스의 아기가 죽어 가고 있어. 사람이 준 사탕 때문이야." 그 말을 들은 찰리는 너구리 올드가 스미스의 아기를 살릴 수 있다고 생각했다. 찰리는 좋은 마음으로 갔다가 개코원숭이들에게 물려 죽을 수도 있어 걱정되었지만 용기를 냈다. 올드는 아기 원숭이의 입안에 손을 넣어 사탕을 끌어 올렸다. 그 뒤 스미스는 우리를 빠져 나가는 찰리와 올드를 보면서 어떤 말이나 행동도 하지 않았다. 찰리는 개코원숭이의 우리를 열쇠로 잠그려는데 손이 떨렸다. 그러자 스미스가 말했다. "천천히 해, 찰리." (87~94쪽)

해리엇은 사이좋게 지내라는 마지막 말 남겨

▲해리엇은 다른 동물들의 도움을 받아 바다로 돌아가 죽음을 맞게 되었다.

(바) "곧 내 몸속의 생명이 모두 빠져나갈 거야. 마지막으로 친구들과 인사를 나누고 싶어." 찰리는 말없이 열쇠를 꺼내 모든 우리의 문을 열었다. 스미스는 해리엇에게 다가가 눈물을 흘렸다. "미안해요." "이곳은 숲이 아니다. 지금 내가 평온하게 죽어 가듯 너희도 언젠가는 삶을 마칠 것이다. 그때까지 이곳은 따듯해야 한다." 해리엇의 말에 모두 고개를 끄덕였다. 찰리는 해리엇에게 원하던 바다로 돌아가도록 돕겠다고 했다. 모두 그 일을 도와 해리엇은 바다로 돌아갈 수 있었다. (98~99, 103, 132쪽)

생각이 쑤욱

1 (가)에서 찰리처럼, 사람은 전학을 가거나 직장을 새로 얻는 등 낯선 환경에 놓일 수 있습니다. 이때 새로운 구성원으로서 갖춰야 할 자세를 이야기해 보세요.

머리에 쏘옥

처음 만난 사람을 대하는 자세

낯선 곳에 가면 어떤 일이 벌어질지 몰라 두려움을 느낍니다. 자신이 어려움에 빠져도 도움을 받지 못할 것이란 불안감도 생기지요.

이런 경우 다른 사람이 먼저 다가오길 기다리지 말고, 먼저 다가가서 인사를 나누는 것도 좋은 방법입니다. 첫인상이 좋으면 호감을 얻어 구성원들과 더 빨리 친해질 수 있기 때문입니다.

다른 사람과 대화를 나눌 때는 상대에게 집중해서 들어야 합니다. 말을 할 때는 태도를 바르게 한 상태에서 말끝을 흐리지 말아야 합니다.

▲전학을 가면 반 친구들에게 먼저 다가가 친해질 필요가 있다.

2 (나)에서 동물원의 새로운 구성원으로 들어온 찰리는, 동물원에 빨리 적응해 자기 역할을 해야 합니다. 그런데 개코원숭이 스미스처럼 찰리를 대할 경우 찰리와 동물원 친구들 모두에게 어떤 문제가 생길지 지적해 보세요.

▲동물원 전체의 분위기가 폭력적으로 바뀌면, 사육사가 동물을 철저하게 관리하게 되므로 동물들의 자유가 사라지게 된다.

생각이 쑤욱

3 (다)에서 스미스는 찰리에게 돌을 던져 문제를 해결하려고 듭니다. 문제가 생기거나 자기 욕심을 챙기려 할 때 폭력으로 해결하면 안 되는 까닭을 말해 보세요.

▲폭력은 폭력을 부르고, 힘센 사람만 살 수 있다.

4 (라)의 밑줄 친 부분의 스미스처럼, 함께 사는 세상에서 서로 편가르기를 하면 어떤 일이 벌어질지 예상해 보세요.

머리에 쏘옥

폭력의 결과

동물의 세계는 강자가 약자를 잡아먹는 약육강식의 세계입니다. 오직 힘센 동물만 살아남게 되지요.

사람이 사는 세상도 마찬가지입니다. 스미스처럼 공동체 생활을 하면서 문제가 생겼을 때 폭력으로 해결하면, 질서가 무너져 공동체를 유지할 수 없습니다. 힘센 사람이 약자가 노력해 번 돈을 빼앗고, 자기 마음에 안 든다고 때릴 수도 있습니다. 힘이 약한 사람을 데려다 마음대로 부려먹을 수도 있지요. 이렇게 되면 공동체의 질서는 무너지고 범죄만 들끓게 됩니다. 사회 발전을 기대할 수 없는 거지요. 그래서 법과 규칙을 정해 놓고, 힘센 사람과 힘이 약한 사람이 서로 도우며 살 수 있게 만든 것입니다.

편가르기를 하면 다툼 생겨

공동체 생활을 하면서 나와 생각이 다르거나 이익을 나눠야 할 때 편가르기를 하면 갈등이 생깁니다. 예를 들어 같은 학교나 같은 지역 출신끼리 편을 먹고, 부유한 사람이 가난한 사람을 상대하지 않으면 다툼이 생깁니다. 화합이 깨져서, 힘을 합쳐야 할 문제를 해결할 수도 없는 것이죠.

생각이 쑤욱

5 사회 생활을 하면서 스미스처럼 자기 구역을 정해 놓고 사는 사람들은 이기적이어서 곤경에 빠진 사람을 돕는 일이 쉽지 않습니다. 아래 글을 읽고 의로운 행동을 한 사람을 공동체에서 보상하고 존경해야 하는 까닭을, (마)를 참고해 말해 보세요.

2019년 7월 5일 서울 양천구 신정동 상가 건물에 불이 났다. 구교돈(23) 씨는 친구를 만나러 가다가 불길이 치솟는 건물을 보게 되었다. 동네 주민인 구 씨는 그 건물에 학원과 어린이 수영장 등이 있다는 사실을 알고 있었다. 그래서 앞뒤 가리지 않고 건물로 들어가 불이 난 사실을 모르던 사람들에게 대피하라고 소리치며 소화기로 직접 불을 끄기도 했다. 한 소방관은 "구 씨 등의 노력 덕분에 300여 명이 무사히 대피했다."고 밝혔다.

<신문 기사 참조>

▲구교돈(왼쪽) 씨가 서울 양천구청장에게 표창장을 받은 모습.

머리에 쏘옥

내가 돕지 않으면 남도 돕지 않는다

자신의 일이 아닌데도 위험을 무릅쓰고 다른 사람의 생명이나 재산을 구하러 나섰다가 다치거나 숨진 사람들이 있습니다. 이런 분들을 의사상자(의롭게 숨지거나 다친 사람)라고 부릅니다.

구성원들이 의사상자를 예우하지 않으면 아무도 위험한 일에 나서지 않을 것입니다. 이런 사회에서는 누군가 범죄를 당하는 현장을 봐도 모른 척하게 되어, 범죄가 늘어납니다. 나중에 자신이 범죄의 대상이 되었을 때 도움을 청하지 못합니다. 결국 공동체는 불안하고 서로를 믿지 못하게 되어 발전하기 어렵습니다.

찰리처럼 자신이 위험한 상황에 놓여도, 의로운 행동을 하는 구성원이 늘면 공동체는 더욱 살기 좋게 바뀌게 됩니다.

생각이 쑥욱

6 (바)에서 해리엇은 바다에서 사는 꿈을 이루진 못했어도 평온하게 삶을 마감하며 동물원 친구들에게 "이곳이 숲은 아니지만 따듯하게 살라."라고 유언했습니다. 내가 해리엇과 비슷한 삶을 살았다 생각하고, 유언을 남겨 보세요(1분).

▲세상에는 자기가 원하는 삶을 살지 못하고 전혀 다른 분야에서 사는 사람이 많다. 어떤 사람은 전투기 조종사를 하고 싶었지만 평생 교사로 살기도 한다. 그렇다고 불만을 품고 살면 안 된다.

머리에 쏘옥

유언장에는 무엇을 쓸까

사람은 누구나 꿈을 가지고 삽니다. 하지만 자기 꿈을 이루고 만족하며 사는 사람은 거의 없습니다. 대다수는 꿈을 이루지 못한 채 전혀 다른 삶을 살다가 마감합니다.

그렇다고 한정된 삶을 사는 사람들에게 꿈이 없다면 자기 발전이 없고, 삶 자체가 무의미해질 수 있습니다.

따라서 죽을 때까지 꿈을 포기하지 않고 노력하면 꿈을 이뤘다고 할 수 있습니다. 삶은 과정이지 결과가 아니며, 세상에는 완벽한 것이 존재하지 않으니까요. 부끄러운 삶이란 자기 꿈을 포기하거나 꿈을 꾸지 않는 것입니다.

해리엇은 바다에서 자유롭게 사는 꿈을 꿨지만, 죽을 때까지 육지의 동물원에 갇혀 지냅니다. 그래도 마지막 순간까지 꿈을 포기하지 않았지요. 그래서 평온하게 눈을 감을 수 있었던 것입니다.

노력했다면 부끄러운 삶은 없답니다. 유언장에는 자기의 노력한 과정을 그대로 보여 주면서, 이웃과 후손에게 살면서 깨달은 점을 전해 주면 됩니다. 그 자체로 여러분은 빛나는 삶을 산 것입니다.

생각이 쑤욱

7 사람이든 동물이든 누구나 공동체 생활을 하며 주어진 영역에서 한정된 삶을 살다가 죽게 됩니다. 나에게 주어진 삶을 좀 더 가치 있게 살기 위해 어떻게 할지 계획을 말해 보세요(300~400자).

> 과거보다 더 오래 사는 건 이제 가능한 일이 됐다. 문제는 어떻게 '더 오래, 더 잘 사느냐'이다. 사회적으로 비난을 받고 외톨이가 되어 살면 오래 산다고 해도 의미 있는 삶이라고 할 수 없다. 잘 살려면 먼저 '나만 잘 살면 된다'는 생각을 버려야 한다. 그 방법은 사회와 이웃, 가족에 봉사하는 것이다. 봉사는 내 마음에서 나오는 이기주의와 못된 놀부 심보를 억누르는 유일한 방법이다. 또 누구나 가족과 이웃에게 환영받을 수 있는 삶을 사는 방법이다.
>
> <신문·기사 참조>

▲어린이들이 도서관에서 책을 정리하는 봉사를 하고 있다.

11 세계 문학 — 엉뚱하지만 불의에 맞서는 모험 이야기

『돈키호테』
세르반테스 지음, 두산동아 펴냄, 152쪽

 **줄거리**

스페인의 라만차에 키하다라는 사람이 살았습니다. 그는 기사들의 모험 이야기에 푹빠져 기사들의 이야기를 진짜라고 믿습니다. 그러다 결국 자신도 기사가 되기로 결심하고, 이름을 '돈키호테'로 고친 뒤 모험에 나섭니다. 그런데 풍차를 거인으로 잘못 보고 달려들거나, 풀을 뜯는 양떼를 군대라고 생각해 공격합니다. 또 포도주 가죽 부대를 거인이라며 공격해서 여인숙 주인에게 얻어맞기도 하는 등 어이없는 실수만 되풀이합니다. 그러다가 자신의 어리석음에 눈을 떠서 고향으로 돌아온 뒤 잘못을 뉘우치고 눈을 감습니다.

본문 맛보기

기사들의 모험담 밤낮 없이 즐겨 읽어

▲돈키호테는 기사의 모험담에 푹 빠져 지냈다.

(가)스페인 남부 라만차 지방에 '키하다'라는 사람이 살고 있었습니다. 그는 얼굴이 바짝 마르고 훌쭉했지만 오십이 넘은 나이에 비해 아주 건강했습니다. 그는 많은 땅을 가진 지주였습니다. 그렇지만 집안일에는 관심이 없고, 비둘기 같은 특별한 음식을 먹거나 사냥하는 것을 좋아했습니다. 그는 특히 책을 좋아해서 하루 종일 책에 파묻혀 있을 때가 많았습니다. 그중에서도 그는 기사들의 이야기를 즐겨 읽었습니다. (10~11쪽)

불의에 맞서는 기사 꿈꾸며 모험에 나서

▲돈키호테가 모험을 찾아 떠나고 있다.

(나)"그래, 마침내 내가 할 일을 찾았어. 멋진 편력 기사가 되는 거야. 모든 잘못된 것을 고치고, 불의에 고통을 당하는 이 세상 사람들을 구하는 일이야말로 얼마나 멋진 일인가." 그는 편력 기사가 되어 책 속에 나오는 기사들의 행동을 그대로 따르기로 결심했습니다. 그는 얼른 창고로 달려갔습니다. 오랫동안 처박혀 녹슬고 곰팡이가 난 방패와 창을 꺼내 열심히 닦았습니다. 그는 자기 이름을 짓느라 여드레 정도 끙끙 앓았습니다. 그는 자기 이름에다가 나라 이름을 덧붙여서 '라만차의 돈키호테'라고 이름을 지었습니다.

이런 뜻이에요
편력 여러 곳을 두루 다니며 경험함.

본문 맛보기

농부에게 매질당하는 소년 구해

(다)숲 속 저쪽 참나무에 어린 소년이 웃통이 벗긴 채 묶여 있고, 농부가 가죽 띠로 매질을 하고 있는 것이 보였습니다. "아니, 이렇게 연약한 소년에게 무슨 짓이오!" "약한 자를 괴롭히는 비겁한 놈을 용서할 수 없소!" 돈키호테는 농부의 머리에 창을 겨누며 얼른 소년을 풀어 주라고 명령했습니다. (28~30쪽)

▲농부에게 매질을 당하는 소년을 구하고 있다.

풍차를 거인으로 잘못 알고 결투 벌여

▲풍차를 거인이라며 공격하는 돈키호테.

(라)온통 상처투성이로 돌아온 돈키호테를 보고, 모두들 놀라 입을 다물지 못했습니다. "걱정할 것 없소. 세상에서 제일가는 거인 열 명과 싸우다 생긴 상처요. 정의는 반드시 승리하는 법. 그까짓 거, 거인들을 나의 창으로 단숨에 무찔러 버렸지." 신부와 이발사 조카딸과 가정부 모두 돈키호테가 미친 것은 아닐까 걱정하면서 근심스러운 얼굴을 했습니다. "산초, 저것 좀 보게. 흉악한 거인들이 서른 놈 이상 나타났네." "주인님, 저건 밀을 빻는 풍차인데요?" 돈키호테는 산초가 뭐라 하든 들은 체도 않고 창을 끼고 금방이라도 돌격할 채비를 했습니다. "이 비겁한 놈들아! 도망가지 마라!" (36~37쪽, 42~43쪽)

 본문 맛보기

양떼를 악의 무리라며 창 휘둘러

▲돈키호테가 양떼를 공격하고 있다.

(마)"모험이라는 게 맨날 얻어맞기만 하는 거예요? 이런 게 모험이라면 성의 영주 자리고 뭐고 당장에라도 집에 돌아가고 싶어요." "나는 약한 자들을 돕기 위해 커다란 위험을 나의 무기와 몸으로 막아 낼 결심으로 모험을 찾아 떠돌아다니는 것이야." "용감한 정의의 기사들이여! 내가 왔소. 우리 힘을 합쳐 악의 무리를 처치합시다!" 양떼들의 한복판으로 달려간 돈키호테는 마구 창을 휘둘러 댔습니다. 목동들은 허리춤에서 돌을 꺼내 던졌습니다. (54쪽, 73쪽)

노예로 끌려가는 죄수들 풀어 주다 곤욕 치러

▲돈키호테가 노예로 끌려가는 죄수들을 구하는 모습.

(바)"죄수들인가 봅니다. 쯧쯧, 죄를 지어 억지로 노예선으로 끌려가는 게 틀림없어요." "뭐? 억지로 끌려간다고? 그렇다면 내가 불쌍한 저들을 구해 주어야겠다." 어떤 죄수들은 돈키호테의 망토와 겉옷을 빼앗았고, 한 젊은 죄수 청년은 산초의 당나귀까지 훔쳐 달아나 버렸습니다. "키하다, 이제 헛된 생각일랑 말고 편안한 삶을 살도록 하게." "맞아요. 보통 사람들은 나으리를 미치광이로 생각하고 있어요. 물론 더러는, 미치긴 했지만 재미있다고 빈정대기도 하지만요." "여보게, 덕이라고 하는 것은 특별히 뛰어날 때 박해를 더 받는다네. 과거의 유명한 영웅들치고 안 그런 사람이 없지." (87, 91, 114~115쪽)

이런 뜻이에요
영주 중세(9~16세기) 유럽에서 왕 대신 일정한 지역을 지키고 다스리던 권력자.
박해 못살게 굴어서 해롭게 함.

생각이 쑥쑥

1 돈키호테가 기사가 되어 하고 싶었던 일은 무엇이었나요?

▲돈키호테는 편력 기사가 되어 세상 이곳저곳을 다니며 모든 잘못된 것을 고치고 싶었다.

2 작가가 이 책을 지은 까닭을 자유롭게 말해 보세요.

▲세르반테스

머리에 쏘옥

기사 이야기

기사 이야기에는 기사의 무용담이 담겨 있는데, 16세기(1501~1600) 스페인에서 유행했어요. 기사의 특징은 용맹, 사랑하는 사람에 대한 지극한 헌신, 왕에 대한 충성 등이었는데, 기사 이야기에는 이러한 특징이 모험과 곁들여져 흥미가 있었죠. 그래서 아메리카와 호주 등 신대륙 발견으로 들떠 있었던 스페인 사람들을 열광하게 만들었어요.

『돈키호테』를 지은 까닭

중세의 기사들은 멋진 말을 타고 악을 무찌르는 영웅이었어요. 하지만 세르반테스(1547~1616)는 중세의 기사도 정신을 비웃어 주고 싶었어요. 시대는 변하고 기사도 정신은 낡았는데도, 사람들은 여전히 기사와 공주가 나오는 이야기에 젖어 환상에 빠져 있었거든요.

세르반테스가 『돈키호테』를 통해 낡은 기사도 정신을 꼬집어 준 뒤부터 기사도 이야기는 점점 사라지기 시작했어요.

생각이 쑤욱

3 등장 인물들과 독자가 주인공 돈키호테를 평가한 내용입니다. 내가 생각하는 돈키호테는 어떤 사람인가요?

여인숙 주인	"정상이 아니에요. 돈도 없이 여행하고, 기사가 성에 묵으면서 값을 치렀다는 얘기는 듣지 못했다며 숙박비를 내지 않으려고 했어요."
산초	"용감한 사람이에요. 고난을 겪으면서도 계속 정의를 위해 싸워야 한다고 했어요."
독자	"미친 것 같기도 하고, 자기 생각대로 행동하는 자유로운 사람 같기도 해요."
나	

4 사람을 성격에 따라 '돈키호테형'과 '햄릿형'으로 나눕니다. 나는 어떤 유형이며, 왜 그런지도 설명해요.

머리에 쏘옥

'햄릿형'과 '돈키호테형'

사람은 성격에 따라 '햄릿형'과 '돈키호테형'으로 나눌 수 있어요.

햄릿형은 항상 생각만 하고 쉽게 판단을 내리지 못하는 사람을 가리킵니다. 그래서 너무 신중하게 생각만 하다가 기회를 놓치는 경우가 많지요.

돈키호테형은 언제나 생각보다 행동이 앞섭니다. 옳다고 믿는 일은 앞뒤 가리지 않고 행동으로 옮기지요. 주로 순수하고 생각이 단순한 사람들에게서 많이 나타나는데, 실천력이 강해 성공한 사례도 많답니다.

따라서 세상을 바로잡겠다고 용기 있게 나서는 사람은 돈키호테형에 가까운 셈이죠.

▲사람의 성격을 크게 나누면 돈키호테형과 햄릿형이 있다.

생각이 쑤욱

5 돈키호테는 더 좋은 세상을 만들기 위해 모험을 떠났지만, 모험 과정에서 오히려 사람들에게 피해를 주는 사례가 많았습니다. 돈키호테가 피해를 줄이려면 어떤 점을 고쳐야 할지 세 가지만 들어보세요.

▲돈키호테는 주관적이어서 남의 말을 들으려 하지 않았다.

머리에 쏘옥

용기와 만용의 차이

용기는 두려워하지 않으며, 씩씩하고 굳센 마음을 말합니다.

그런데 내가 할 수 있는지와 없는지, 옳은 일인지와 아닌지, 꼭 해야 하는 일인지와 아닌지 등을 먼저 생각하고 행동해야 용기 있는 행동이랍니다. 그렇지 않고 행동부터 하면 만용이지요.

돈키호테는 정의를 바로 세우려고 노력합니다. 하지만 잘못을 바로잡으려면 먼저 현실부터 잘 보고 판단해야 합니다.

생각이 쑥

6 말보다 행동이 앞서는 돈키호테의 태도가 바람직하다고 말하는 사람들이 있습니다. 왜 그런 주장이 나왔을지 세 가지만 들어 보세요.

돈키호테는 이런 점이 바람직해요

머리에 쏘옥

돈키호테의 태도

돈키호테는 생각이 깊지 못하고 허황된 꿈을 현실로 착각해 행동합니다. 그래서 그의 행동이 바람직하지 못하다고 생각하는 사람들이 있습니다.

하지만 돈키호테는 넘어지고 다쳐도 꺾이지 않는 도전 정신을 발휘하지요. 그래서 자신의 미래를 스스로 개척하고, 불의를 보면 참지 못하는 정의로운 마음도 강합니다.

이 시대 어린이들이 배우고 실천해야 할 태도입니다. 생각만 하고 실천에 옮기지 못하는 어린이들에게도 교훈이 되지요.

7 아래 기사를 참고해 내가 돈키호테에게 배울 점을 설명하고, 이번 학기에 꼭 도전하고 싶은 목표 한 가지와 실천 방법을 설명하세요(300~400자).

> 쉽게 실망하고, 포기하며, 새로운 일에 도전하기를 두려워하는 초등학생이 늘고 있다. 부모가 평소 자녀의 공부와 생활 태도를 하나하나 챙기고 어려운 일을 대신하다 보니 새로운 일에 도전하며 실패를 겪는 것을 두려워하기 때문이다. 실패를 겪지 않고 자라난 어린이들은 작은 실수에도 크게 좌절하는 모습을 보인다.
>
> <신문 기사 참조>

▲부모가 아이를 모두 챙겨 주면 아이는 자립심을 기르지 못한다.

12 세계 문학 — 평등한 관계 맺기의 소중함 일깨워

『수상한 아이가 전학 왔다!』
제니 롭슨 지음, 뜨인돌어린이 펴냄, 106쪽

 줄거리

　방한모는 추위를 막기 위해 얼굴 전체에 뒤집어쓰는 모자입니다. 이 모자를 쓰면 눈과 입을 빼고는 얼굴이 보이지 않습니다. 그런데 전학생인 토미는 항상 방한모를 쓰고 다닙니다. 수업을 받을 때나 공을 차거나 밥을 먹을 때도 벗지 않습니다. 아이들이 방한모를 쓰는 까닭을 계속 물어 보지만 토미는 알려 주지 않습니다. 그러자 아이들은 모두 토미와 똑같이 방한모를 씁니다. 토미는 아이들이 함께 방한모를 쓴 모습을 보면서 마음을 열고 방한모를 벗습니다.

방한모 뒤집어 쓴 토미가 전학을 오다

▲토미는 반 아이들이 아무리 물어도 방한모를 쓰는 까닭을 말하지 않았다.

(가)우리는 새로 전학 온 아이를 뚫어져라 쳐다보았다. 토미는 평범한 갈색 눈에, 평범한 녹색 교복을 입고 있었다. 하지만 얼굴의 나머지 부분과 머리카락은 방한모 아래에 가려져 있었다. "왜 방한모를 쓰는지 말해 줘." 체리스가 다그쳤다. 그래도 토미는 '왜냐하면'이라는 말만 하고는 침묵했다. "왜 머리에 그걸 쓰고 다니는 거야?" 다들 토미한테 묻고 또 물었지만, 토미가 속삭인 대답은 '왜냐하면'뿐이었다. 얼마 뒤에는 그 말조차도 하지 않았다. (11~14, 33~34, 43~46쪽)

선배들이 방한모 벗기려고 주먹으로 때려

▲5학년 선배들이 방한모를 벗기려고 토미를 바닥에 눕히고 주먹으로 때렸다.

(나)쉬는 시간에 5학년들이 토미를 끌고 갔다. 우리가 도착했을 땐 이미 난리가 나 있었다. 악당들은 방한모를 벗기려고 토미를 바닥에 눕히고 주먹으로 후려쳤다. 우리는 토미를 구하기 위해 달려들었다. 그때 트웨트 선생님이 나타났다. "모두 교장실로 가!" 선생님의 명령에 아무도 토를 달지 않았다. 교장 선생님은 슬프게 말했다. "이 세계는 폭력으로 가득하단다. 거기에 폭력을 더하고 싶니?" 우리 4학년은 돌아갔지만, 5학년들은 남아서 잔소리를 좀 더 들어야 했다. (61~67쪽)

본문 맛보기

토미 위해 반 아이들이 함께 방한모를 쓰다

(다)체리스는 반 아이들 앞에서 말했다. "토미가 방한모를 쓰고 다니도록 그냥 내버려 두어야 한다고 생각해. 토미는 충분히 귀찮은 일을 많이 겪었어." 아이들도 동의했다. "불쌍한 토미! 쉬게 해 주자!" 그때 나와 두미사니는 같은 아이디어를 떠올렸다. 두미사니가 앞에 나가서 설명하자 모두 환호성을 질렀다. 금요일에 토미는 남색 방한모를 다시 쓰고왔다. 벤터 선생님은 눈을 크게 뜨고 주위를 둘러보았다. 그도 그럴 것이 나를 포함하여 아이들 모두가 토미처럼 갖가지 종류의 방한모를 쓰고 있었던 것이다! (69~71, 77쪽)

▲반 아이들은 토미와 똑같이 방한모를 함께 씀으로써 토미를 같은 반으로 받아들였다.

방한모 쓰면 누군지 몰라 숨을 수 있어

(라)쉬는 시간에 축구하러 나간 애들이 5학년 악당들이 앉은 벤치 앞을 빠르게 달려 지나갔다. 방한모 사이로 온갖 나쁜 말을 내뱉으며 5학년들을 골려 주었다. 오늘 우리는 안전했다. 악

▲방한모 뒤에 숨어서 익명으로 살면, 나쁜 짓을 하거나 거짓말을 해도 정체를 숨길 수 있다.

당들은 누가 누군지 알 턱이 없었다. "멋지지 않아? 익명으로 산다는 건?" 하얀 방한모를 쓴 도나가 말했다. "유명한 영화배우일 수도 있고, 노벨상을 받은 과학자일 수도 있어. 나는 누구라도 된 척할 수 있어." '익명'이라, 근사하게 들리는 단어였다. 나는 그걸 기억해 두려고 머릿속으로 몇 번이나 되뇌었다. (82~83쪽)

방한모 쓰면 낯선 곳에서도 안전한 느낌 들어

▲폭설이 내려 휴교한 스코틀랜드의 학교 모습.

(마) "내가 왜 방한모를 쓰고 다니는지 말해 줄래?" 토미의 부탁을 받은 두미사니는 반 아이들에게 설명했다. 토미의 아빠가 단기 계약을 자주 해서 학교를 일곱 번이나 옮겨야 했다는 사실과 전학생이 된다는 게 얼마나 끔찍하고 외로운 기분이 드는지 말이다. "1월에 토미가 스코틀랜드의 새 학교로 가게 되었어. 추워서 방한모를 썼는데 안전하고 보호받는 느낌이 들었대. 그래서 여기서도 방한모를 써도 되냐고 여쭤봤대. 전학생이 되어도 나쁜 느낌이 들지 않게 하려고 말이야." (87, 97~99쪽)

방한모 벗은 토미, 소녀라는 사실 밝혀져

▲'방한모 소년' 토미가 방한모를 벗자 카렌이라는 소녀임이 밝혀졌다.

(바) "토미가 지금 방한모를 벗을 거야. 토미는 더 이상 전학생이 아니니까. 토미는 우리 중 하나야." 두미사니가 말했다. 토미는 천천히 남색 방한모를 들어올렸다. 그 순간 반 전체가 '헉!' 하고 놀란 숨을 들이켰다. 그리고 눈앞의 광경을 믿을 수 없어 토미를 뚫어져라 바라보았다. "얘는 방한모 소년이 아니야. 이 아이는 방한모 소녀라고!" 두미사니의 말이 끝나자 토미가 말했다. "미리 말했어야 했는데, 미안. 집에선 날 토미라고 불러. 하지만 내 진짜 이름은 카렌이야. (99~104쪽)

생각이 쑤욱

1 (가)에서 방한모를 대하는 토미의 생각과 반 친구들의 생각이 어떻게 다른가요?

▲토미는 방한모가 편하지만, 반 친구들은 낯설기 때문에 경계의 대상으로 생각한다.

2 (나)에서 5학년 학생들이 토미에게 폭력을 쓴 까닭은, 결국 토미에게 무엇을 요구한 것인지 추측해 보세요.

☞토미에게 방한모를 쓰는 이유를 듣지 못해 때린 것은 겉으로 드러난 이유에 불과합니다.

머리에 쏘옥

방한모는 무엇을 나타내나

　방한모는 추위를 막기 위해 얼굴 전체에 뒤집어쓰는 모자입니다. 그런데 책에 나오는 방한모는 추위가 심한 지방에서 쓰는 발라클라바(Balaclava)입니다. 머리와 목, 얼굴을 거의 다 덮고 눈만 내놓는 형태죠. 방한모를 쓰지 않고 지내는 학생들이 보기에는 낯설고 두려운 느낌이 들 수도 있습니다.

　지은이는 누군가와 관계를 맺을 때 상대의 정체 모를 낯섦에서 오는 편견을 방한모로 나타냈습니다. 그리고 그 상대방은 그 방한모가 그때까지의 환경에 적응한 자신의 습관이나 성격 또는 문화를 상징할 수 있습니다. 습관이나 문화는 한번 굳어지면 바꾸기 어렵지요.

　따라서 지은이는 이 이야기를 통해 서로 다른 둘이 만났을 때, 갈등이 생길 수 있음을 보여 주고 있습니다.

▲폭력을 쓴 이유는 상대의 다름을 인정하지 않고 강제로 자기들과 같아지게 하려는 의도 때문이다.

생각이 쑤욱

3 (다)에서 다른 사람과 관계 맺기를 할 때 토미네 반 친구들에게 본받을 점과, 반 친구들처럼 관계 맺기를 하면 얻을 수 있는 장점을 말해 보세요.

☞반 친구들은 자기들과 다른 토미에게 다가가서 평등한 관계 맺기를 통해 '우리' 안으로 받아들이는 지혜를 발휘합니다.

▲생각이나 문화가 다른 사람들끼리 평등하게 관계를 맺으면, 다양성이 풍부해져 발전이 빠르다.

4 지은이가 (라)에서 말하려는 익명의 위험성을 예를 들어서 이야기해 보세요.

☞익명 뒤에 숨으면 누구인지 모르기 때문에 더 자유로울 수 있어서 거짓말을 하거나 언어 폭력을 저지르고, 폭력의 방관자가 될 수 있습니다.

▲인터넷에서는 자기 이름을 밝히지 않고 (익명으로) 악플을 달 수 있다.

머리에 쏘옥

올바른 관계 맺기의 태도

이 책의 지은이는 오랫동안 흑인 차별을 겪은 남아프리카공화국의 작가입니다. 따라서 이 책도 차별을 다뤘다고 볼 수 있습니다.

방한모를 쓴 토미는 우리와 다르거나 낯설다는 뜻입니다. 공통점이 많은 집단에서, 다르다는 이유는 차별의 대상이 됩니다. 하지만 다르다고 차별하거나 몰아내면 결국 그 집단은 다양성이 부족해 언젠가는 쇠퇴하고 맙니다. 사람이 오래 편식하면 건강을 해치는 것과 마찬가지죠.

토미네 반 친구들은 토미가 방한모를 썼다는 이유로 괴롭힘을 당할 때 기꺼이 나서서 돕고, 토미를 우리 안으로 끌어안습니다.

스스로 옳고 그름을 깨닫고 약자를 배려하는 모습에서, 서로 다른 사람들이 어울려 살아가려면 무엇이 필요한지 알 수 있습니다.

생각이 쑤욱

5 (마)에서 방한모에 자신을 숨긴 토미에게 용기가 없다거나 소극적이라고 비난하면 안 되는 까닭을 말하고, 앞으로 토미가 더 이상 숨지 않게 하려면 반 친구들이 어떻게 대해야 할지 아이디어를 내 보세요.

▲소수자들에게 필요한 건 그들의 입장을 긍정해 주고, 스스로 자기 몫을 할 수 있도록 돕는 일이다.

머리에 쏘옥

소수자들에게 있는 그대로 긍정해 주는 마음 필요

사람이 공동체 생활을 하면 다른 사람과 관계를 맺어야 합니다. 그런데 사람마다 피부 색깔이나 언어, 종교, 문화, 외모, 성별, 나이, 학력, 신체 조건(장애)이 다릅니다.

여기서 100명 가운데 99명은 같고 1명이 다를 경우 소수자로 몰리기 쉽습니다. 소수자가 되면 대개 자신감을 잃기 때문에, 다른 사람과 관계 맺기가 두려워집니다. 그래서 자신의 약점을 숨기거나 아예 관계를 끊은 채 숨고 싶어 하지요.

이런 상황에서는 소수자들의 숨고 싶은 마음을 그대로 긍정해 주고, 그들이 편하게 해 주면 됩니다.

그래야 자기 스스로 긍정하는 마음이 되고 회복 탄력성이 생겨 자기 몫을 하면서 살 수 있습니다. 토미가 스스로 방한모를 벗은 것처럼 말이지요.

생각이 쑥

6 고대 그리스의 우화작가인 이솝이 쓴 '북풍과 태양'의 줄거리를 이용해, (바)에서 토미가 방한모를 벗기까지의 과정을 이야기로 꾸며 보세요.

☞ '북풍'을 5학년 선배들의 폭력, '태양'을 토미와 평등하게 관계 맺기를 원하는 친구들의 배려에 비유하면 됩니다.

▲ '북풍과 태양'은 강요보다는 설득이 문제의 해결에 더 효과적이라는 내용입니다.

머리에 쏘옥

이솝의 우화 '북풍과 태양'의 줄거리

'북풍과 태양' 이야기는 무리하게 강요하는 것보다, 부드럽게 설득하는 것이 더 효과적이라는 내용입니다. 줄거리는 다음과 같습니다.

"북풍과 태양이 어느 날 길을 가는 나그네의 외투를 누가 벗길 수 있는지를 놓고 힘겨루기를 했습니다. 북풍이 큰소리를 치며 세차게 바람을 날렸습니다. 하지만 바람이 강해질수록 나그네는 외투 깃을 여미며 바쁘게 걸었습니다. 이번에는 태양이 나서서 나그네의 주위를 서서히 비추었습니다. 시간이 지나면서 날씨는 더워졌고, 나그네는 결국 외투를 벗었습니다."

생각이 쑤욱

7 아래 글에서 행운이가 다문화가정 출신이라는 이유로 학교에서 괴롭힘을 당하고 있습니다. 이러한 상황을 그대로 놔둘 경우 생길 수 있는 문제점을 대고, 다문화가정 어린이들의 따돌림을 해결할 수 있는 방안을 제시하세요(300~400자).

☞토미를 끌어안은 반 친구들의 사례에서 실마리를 얻어 접근하면 됩니다.

지금 초등학교에는 평균 한 반에 한 명꼴로 다문화가정 어린이가 있다. 지방 학교는 두세 명이 넘는다. 행운이는 베트남 국적의 어머니를 둔 다문화가정 어린이인데, 학교에 가기가 무섭다. 자신의 어눌한 발음 때문에 놀림을 당할까 봐 친구들에게 먼저 말을 걸지도 못한다. 그러다 반 친구와 얘기하는 과정에서 오해가 생겼고, 며칠이 지나자 필통이 없어지거나 의자가 사라지는 등의 따돌림이 시작됐다. 그 뒤 행운이는 같은 초등학교 학생들이 많이 진학하는 중학교를 피해 집에서 먼 중학교에 들어갔다. 그곳에서 집안이 부자이고 한국어를 잘하는 백인 다문화가정 학생을 만났다. 그런데 반 학생들이 행운이를 대하는 태도와 그 학생을 대하는 태도가 너무나 달랐다. 행운이는 계속 차별과 놀림을 당하다가 등교를 거부했다. 하지만 선생님의 상담이나 반 학생들의 위로는 없었다.

▲행운이가 학교를 그만두면 교육을 받지 못해 생산성이 떨어지고, 범죄도 늘어날 수 있다.

<신문 기사 참조>

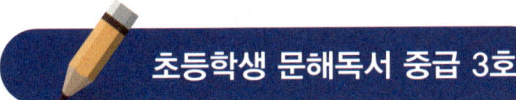 초등학생 문해독서 중급 3호 **답안과 풀이**

01. 『최재천 선생님이 들려주는 생명 이야기 생명, 알면 사랑하게 되지요』

♣11쪽

1. 예시 답안

　좁은 곳에 많고 다양한 동식물이 모여 살기 때문이다. 열대림은 지구 전체로 보면 2퍼센트도 안 된다. 그런데 지구 전체 생물종의 60~75퍼센트가 산다. 만지기만 해도 독성이 퍼지는 나무와 타란툴라 거미를 먹어 치우는 군대개미, 사납기로 유명한 육식성 물고기인 피라냐, 아나콘다도 볼 수 있다. 이 밖에 지금까지 알려지지 않은 생명체의 절반 정도가 이곳에서 산다.

2. 예시 답안

　전갈의 모성애에 감동을 받았기 때문이다. 어미 전갈은 알을 자신의 몸에서 부화시킨 뒤 밖으로 내보낸다. 그런 뒤 한동안 자기 새끼들을 자기 등 위에 올려놓은 채 보살핀다. 갓 태어난 새끼들은 스스로 먹이를 찾아 먹거나, 자기를 방어할 능력이 거의 없다. 여학생은 이러한 어미 전갈이 새끼를 지극 정성으로 새끼를 돌본다고 여겼다.

♣12쪽

3. 예시 답안

　'알면 사랑한다'는 말은 어떤 대상을 자꾸 보고 이해하면, 아끼고 소중하게 여기게 됨을 뜻한다. 부시마스터란 독사를 처음 만났을 때에는 무서웠다. 독사에 대한 편견을 갖고 있었기 때문이다. 하지만 계속 보니 우아하고 세련된 알록달록한 몸 무늬에 매력을 느끼게 되었다. 특히 똬리를 틀고 앉아 긴 혀를 날름거리는 모습에서는 위협적이면서도 도도한 아름다움을 느꼈다. 이는 부시마스터를 이해하니, 편견에서 벗어나 아끼고 소중히 여기는 마음을 갖게 되었음을 뜻한다.

4. 예시 답안

　우리나라가 서로 신뢰하고 협력하는 곳으로 바뀔 것이다. 고래는 다친 동료가 있으면 여러 마리가 둘러싸고 들어 올리듯 떠받치며 보살핀다. 그물에 걸린 친구를 구하려고 그물을 물어뜯기도 한다. 지금 우리나라는 사람들이 서로 믿지 못하고, 어려움을 겪는 사람을 잘 돕지 않는다. 사람들이 고래처럼 배려심이 강하면 서로 믿고 도울 것이다. 그래서 다른 사람들에 대한 신뢰가 높아질 것이다.

♣13쪽

5. 예시 답안

　사람에게 해를 끼친다고 야생 동물을 함부로 죽이면 먹이사슬이 무너져 생태계의 균형이 깨질 수 있다. 1906년 카이밥고원에는 약 4000마리의 검은꼬리사슴이 살고 있었다. 당시 미국에서는 늑대와 코요테가 사람뿐만 아니라 약한 야생 동물에게도 해를 끼친다는 이유로 죽여도 괜찮다고 생각했다. 그래서 늑대와 코요테를 많이 죽였다. 포식 동물이 줄자 1923년에는 검은꼬리사슴이 6만~7만 마리까지 늘었다. 사슴이 증가하면서 먹이가 부족해졌다. 굶주린 사슴들은 식물의 싹까지 먹어 치웠다. 동물은 물론 식물까지 이처럼 사라지면 사람도 먹을 것이 없어진다.

♣14쪽

6. 예시 답안

　동물원을 야생 동물로 살 때와 비슷한 환경으로 바꾸어야 한다. 지금 대다수 동물원은 동물들을 좁은 우리에 가두어 놓고 키운다. 그런데 동물은 야생에서 자기의 본래 습성대로 살 때 행복해질 수 있다. 따라서 동물원도 야생 동물로 살 때와 비슷하게 숲과 습지, 초원의 형태를 갖춰 넓은 공간으로 만들어야 한다. 예를 들어 요크셔야생동물공원은 영국의 중부 지방에 있다. 축구장 50배의 넓이에 숲과 습지, 초원이 자연 그대로 보존돼 있어 동물의 천국으로 불린다. 2009년 문을 열 때부터 동물을 가두지 않고 야생에서 살 때의 모습 그대로 보호하기를 원칙으로 삼았다.

♣15쪽

7. 예시 답안

　호기심에 반려 동물을 분양 받았다가 키울 상황이 안 돼 버리거나, 말을 안 듣는다고 때리는 등 동물을 함부로 대하는 사람들이 있다. 그러나 동물도 사람처럼 고통과 슬픔, 기쁨을 느낄 줄 알기 때문에 함부로 대해서는 안 된다. 사람은 동물에게 고통을 주지 말아야 하고, 고통을 줄 수밖에 없을 경우 덜 주려고 노력해야 한다. 그리고 항상 동물을 소중하게 여기는 마음가짐을 가져야 한다. 다른 사람들이 나처럼 소중한 존재이듯, 동물도 사람처럼 소중한 존재라고 여겨야 한다. 특히 강아지와 고양이 등 반려 동물은 사람과 마음을 나눌 수 있다. 따라서 반려 동물을 기르는 사람은 동물을 장난감처럼 함부로 대하지 말고, 사랑을 주고받으며 정성껏 보살펴야 한다.

02. 『누군가 나를 지켜보고 있어』

♣21쪽

1. 예시 답안

스마트 기술	설명
RFID	태그에 저장한 정보를 전파로 주고받는 기술이다.
빅데이터 분석	인터넷상에서 만들어진 많은 정보를 바탕으로 맞춤 정보를 제공하는 기술이다.
GPS	내가 어디에 있는지 지구 밖에서 콕 집어 위치를 알려 주는 기술이다.
CCTV	연결해 놓은 곳에서만 볼 수 있는 텔레비전이다.
드론	무선으로 조종하는 무인 비행기다.
사물 인터넷	사물에 인터넷을 연결해 멀리서도 통제할 수 있는 기술이다.

2. 예시 답안

▶ 사생활이 침해된다.

▶ 은행 계좌 번호나 신용카드 번호가 알려지면 경제적으로 피해를 본다.

127

초등학생 문해독서 중급 3호 — 답안과 풀이

▶ 내 정보가 범죄에 악용될 수 있다.

♣ 22쪽
3. 예시 답안
▶ 살충제나 모기퇴치제를 많이 사는 지역을 분석하고, 방역팀을 보내 소독 작업을 할 수 있다.
▶ 심야 시간에 이뤄지는 통화량을 분석해 사람이 많이 모이는 곳과 요일을 정리하고, 이를 바탕으로 심야 버스를 운영한다.
▶ 유튜브에서 어린이 콘텐츠에 많이 접속하는 지역을 분석해 놀이터를 새로 만든다.

4. 예시 답안
▶ 디지털 장의사 : 개인이 원하지 않는 인터넷 기록이나 죽은 사람의 인터넷 흔적을 지워 주는 직업이다. 꼼꼼함과 정보 검색 능력이 필요하다.
▶ 드론 기사 : 드론으로 원하는 물건을 고객의 집으로 배달해 주는 직업이다. 드론 조종 능력과 순발력이 필요하다.

♣ 23쪽
5. 예시 답안
스마트폰의 알람이 오전 6시를 알리면서 내 침실의 커튼이 활짝 열리고 방으로 햇볕이 쏟아져 들어왔다. 기지개를 켜며 침대에서 일어나자 TV가 켜지며 오늘의 날씨를 알려 주었다. 우유를 마시려고 냉장고 문을 열었다. 냉장고 문의 모니터에 오늘 안에 먹어야 하는 식품의 목록이 나타났다. 저녁 식사는 불고기가 될 거 같다. 나는 학교에 갈 준비를 마치고 엄마의 방문을 열었다. 엄마는 잠꾸러기라 내가 깨워야 일어난다. 엄마는 누운 채로 스마트폰의 앱을 작동시켜 밥솥과 커피 머신, 토스트기의 스위치를 켰다. 나는 엄마 옆에 누워서 맛있는 냄새를 맡으며 아침 식사가 완성되기를 기다렸다. 사물인터넷이 있으니 아침이 편하고 느긋하다.

♣ 24쪽
6. 예시 답안
발전된 기술로 24시간 범죄를 감시하면 범죄가 일어났을 때 범인을 금세 잡을 수 있다. 범인이 범행 장소에서 달아났다고 해도, 곳곳에 CCTV가 있기 때문에 어디로 달아났는지 쉽게 알 수 있다. 또 사람이 다니지 않는 곳에서 범죄가 일어나도 빠르게 알아차릴 수 있다. 그러나 나라가 국민을 감시할 목적으로 이러한 기술을 사용하면, 사람들이 누구와 만나고 어디에 자주 가는지를 알 수 있어 사생활을 침해할 수 있다. 나라에 반대하는 사람을 골라 어떤 말을 하고 다니며, 어떤 책을 읽고, 인터넷에 어떤 글을 쓰는지도 감시할 수 있다. 그러면 나라에 대해 사람들이 자신의 의견을 내는 것을 꺼리게 된다.

♣ 25쪽
7. 예시 답안
▶ CCTV 설치 찬성 : 교실에 CCTV를 설치하면 학교 폭력을 막는 데 효과적이다. 보통 교실에서 일어나는 폭력 사건은 뚜렷한 증거가 없어서 피해 학생과 가해 학생의 말만 듣고 판단해야 하는 사례가 많다. CCTV가 있으면 객관적이고 분명한 증거가 돼 잘잘못을 가리는 데 도움이 된다. CCTV는 학교 폭력뿐만 아니라 교실 안에서 생기는 도난 사고를 막는 데도 필요하다. 자신의 모습이 그대로 찍힐 수 있다는 것을 알면 교실에서 물건을 훔치려는 학생은 없을 것이다. 인권 침해와 개인 정보 침해라는 문제가 있지만, 잃는 것보다 얻는 것이 더 많다.
▶ CCTV 설치 반대 : 교실에 CCTV를 설치할 경우 학생과 교사의 인권을 침해할 수 있다. 교실은 학생이 학교에서 가장 많은 시간을 보내는 공간이다. 그런데 CCTV가 생겨 학생을 감시한다면 답답하게 느낄 것이다. 교실은 교사와 학생의 인격적인 만남이 이루어지는 공간이기도 하다. 그런데 CCTV는 교사의 행동을 감시해 교사의 인권도 침해한다. 학교 폭력을 막는 일도 중요하지만, CCTV를 설치해 인권을 침해하면 더 큰 문제가 될 수 있다. 또 교사의 수업권을 침해할 수 있다. 교사는 자신의 재량에 따라 자유롭게 수업을 진행할 권리가 있다. 그런데 CCTV를 설치하면 교사가 부담을 느껴 뜻대로 수업을 진행하는 데 어려움을 겪는다.

03. 『생활 속 사례로 생생하게 배우는 경제 1+1이 공짜가 아니라고』

♣ 31쪽
1. 예시 답안
프랜차이즈 치킨은 본사에서 홍보를 많이 하기 때문에 재원이 아빠가 하는 개인 치킨집보다 잘 알려져 있다. 또 소비자들이 본사에서 품질을 철저하게 관리한다고 믿기 때문에 가격이 더 비싼데도 잘 팔린다.

2. 예시 답안
우창이는 물건을 충동적으로 사서 돈과 자원을 낭비하는 문제가 있다. 우창이처럼 계획에 없는 물건을 사면, 나중에 꼭 사야 할 물건을 살 수 없는 상황이 생긴다. 게다가 품질이 떨어지는 제품을 사거나 제대로 사용하지 못하는 일이 생길 수 있다.

♣ 32쪽
3. 예시 답안
굿즈가 비슷한 품질의 다른 제품보다 비싼 까닭은 연예기획사가 팬심을 이용해 비싸도 살 것이라는 계산 아래 높은 가격을 매겼기 때문이다. 아이돌을 좋아하는 팬층은 주로 판단 능력이 떨어지는 어린이와 청소년이다. 연예기획사는 또한 이들에게 굿즈를 많이 사야 아이돌을 더 사랑하는 방법이라고 부추기기도 한다.

4. 예시 답안
▶ 현채의 편 : "엄마, 제우스 운동화를 신으면 명품이어서 멋지고 특별한 사람이 된 기분이 들어요. 친구들도 저를 아주 부러운 눈으로 봐요." 제가 그동안 일반 운동화만 신었잖아요. 그땐 사실 제우스 운동화를 신고 등교한 아이를 보면 주눅이 들어서 그 아이 옆에 가기도 싫었어요. 왠지 자신감도 없어지고요. 그런데 이번에 어머님께서 사주신 제우스 운동화를 신으니 유행에 앞서 가는 특별한 사람이 된 듯한 느낌이 들어 기분이 좋아졌어요. 그리고 학교 생활에 자신감도 생기고 즐거웠어요. 학교에서 기분이 좋으니 집에서 부모님과 동생을 대할 때도 친절하게 대할 수 있게 되었어요.

▶ 현채 엄마의 편 : "현채야, 어른이면 몰라도 초등학생은 발이 금세 자라잖아. 그러니 값이 너무 비싼 걸 신으면 낭비지. 그 돈으로 옷을 더 사자." 제우스 운동화는 유명세 때문에 브랜드가 아닌 운동화보다 몇 배나 더 비싸단다. 일반 운동화도 품질이 좋은 게 많지. 그러니 발이 다 자란 어른이면 몰라도 발이 계속 자라는 어린이가 신으면 돈도 버리고 자원도 낭비되지. 차라리 그 돈으로 옷을 더 사서 입으면 현명한 소비지. 따라서 자신의 기분을 만족시키거나 다른 사람에게 멋지게 보이려고 비싼 제우스 운동화를 사 달라고 조르는 것은 바람직한 행동이 아니란다.

♣33쪽
5. 예시 답안

인터넷 쇼핑몰은 일반 상점과 달리 매장이 필요 없어서 임대료나 인테리어 비용을 줄일 수 있다. 물건을 판매하는 직원도 최소화해 인건비도 줄일 수 있다. 이렇게 비용을 줄여 물건 가격을 낮춘다. 게다가 다른 쇼핑몰과 가격 경쟁이 치열해 값도 내려야 한다. 인터넷 쇼핑몰을 사용할 경우 회원에 가입할 때 남긴 개인 정보가 유출되거나 해킹을 당하면 나쁜 곳에 이용될 수 있어 주의해야 한다. 게다가 소비자가 직접 물건을 볼 수 없어서 품질을 정확히 확인할 수 없다. 실제로 인터넷 쇼핑몰에 올라온 사진과 사서 받은 물건의 품질에 차이가 나기도 해서 주의가 필요하다. 물건에 문제가 있을 경우 교환이나 반품 절차도 복잡하다.

♣34쪽
6. 예시 답안

전자 화폐는 가지고 다니기 편리하고, 잃어버릴 염려도 적다. 또 화폐를 만드는 비용을 절약할 수 있고, 현금을 보관할 때 드는 노력도 필요 없다. 스마트폰만 있으면 물건을 살 수 있으며, 계산할 때마다 얼마를 썼고 남은 돈은 얼마인지까지 확인할 수 있기 때문이다. 전자 화폐를 사용할 때는 범죄에 악용되거나 불법적으로 쓰이지 않도록 조심해야 한다. 이를 막으려면 스마트폰을 잃어버리면 안 된다. 해킹을 당할 경우 돈을 도둑맞을 수도 있다. 또 보이는 돈과 달리 돈이라는 생각이 들지 않아 펑펑 쓸 수 있으니 규모에 맞게 쓰도록 주의해야 한다.

♣35쪽
7. 예시 답안

합리적인 소비란 자신의 경제 사정과 필요에 맞게 물건을 사서 쓰는 행위를 말한다. 값이 싸거나 '1+1 행사'를 한다고 무턱대고 물건을 산다면 합리적인 소비라고 할 수 없다. 우창이가 엄마의 생일 선물로 미역국을 끓여 드리기 위해 미역과 소고기를 사러 갔다가 카레 3개를 사면 미역 1봉지를 공짜로 준다는 말에 넘어간 사례를 들 수 있다. 나도 우창이처럼 충동적으로 물건을 사는 습관이 있다. 문구점에 갔을 때 새로 나온 학용품을 보면 사고 싶은 마음을 누르지 못한다. 그렇게 산 학용품은 필요하지는 않지만 디자인이 예뻐서 샀기 때문에 아끼느라 사용하지 않는 경우도 있다. 이런 문제를 해결하려면 나의 소비 습관을 바꿔야 한다. 소비 습관을 바꾸려면 용돈 기입장을 적어서 용돈의 액수에 맞게 지출할 필요가 있다.

04. 『풀코스 짚문화여행』

♣41쪽
1. 예시 답안

옛날에 벼는 한 가지도 버릴 것이 없는 소중한 농작물이었다. 탈곡한 벼는 식량이 되고, 남은 볏짚으로는 여러 가지 생활 용구를 만들어 썼다. 지금은 식생활이 다양해지고 각종 생활 용구가 나오면서 벼를 소중히 생각하는 마음이 예전 같지 않다.

2. 예시 답안

볏짚을 이용해 추위를 견딜 수 있었다. 볏짚은 보온력이 뛰어나 추운 겨울에도 볏짚 속에 들어가 있으면 체온이 내려가지 않는다. 옛날 주로 농사를 짓던 시절에 볏짚은 쉽게 구할 수 있었다. 따라서 볏짚을 엮어 거적을 만들어 추울 때 몸에 둘렀다. 잘 때는 바닥에 깔아 추위를 무난히 넘길 수 있었다.

♣42쪽
3. 예시 답안

생활용품	이름	쓰임새
	짚수세미	짚을 태운 재를 묻혀 그릇을 닦으면 반짝반짝 윤이 났다.
	도롱이	시금의 비옷과 같다. 짚으로 망토처럼 엮어 비가 올 때 몸에 걸쳤다.
	김치광	추운 겨울에 김장독이 얼지 않도록 짚을 엮어 움집처럼 만든 김치광에 보관했다.
	주루목	짚을 엮어 가방처럼 만든 망태기에 끈을 달아 어깨에 메고 다녔다. 가벼운 짐을 넣었다.
	똬리	짐을 머리에 일 때 머리가 아프지 않도록 받쳐 충격을 덜어 주었다.

♣43쪽
4. 예시 답안

여러 사람이 협동 작업을 했다. 밧줄은 농업이나 어업에 꼭 필요한 물건이었다. 새끼 꼬기는 한 사람이 할 수 있지만, 밧줄은 더 크고 질겨야 하기 때문에 혼자서 하기 힘든 일이다. 이엉 잇기도 지붕에 초가를 올려야 하는 일이라 여럿의 협력이 필요했다. 마을 사람들의 협력은 서로 노동력을 주고받는 품앗이로 이어졌다. 남자들은 새끼를 꼬

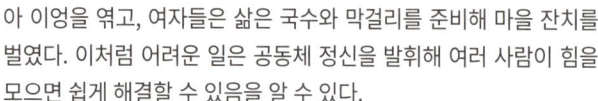

아 이엉을 엮고, 여자들은 삶은 국수와 막걸리를 준비해 마을 잔치를 벌였다. 이처럼 어려운 일은 공동체 정신을 발휘해 여러 사람이 힘을 모으면 쉽게 해결할 수 있음을 알 수 있다.

5. 예시 답안

농경 사회에서는 곡식을 추수하고 난 뒤 버릴 것이 없었다. 다음 농사를 위해 짚으로 농기구를 만들고, 집안에서 나오는 쓰레기를 모아 거름을 만들어 비료로 썼기 때문이다. 하지만 지금은 기계화되면서 손으로 물건을 만들 필요가 없게 되었다. 공장에서 만든 물건이 넘쳐나 굳이 다시 쓰지 않아도 되기 때문이다.

♣44쪽

6. 예시 답안

볏짚으로 방석을 만들 것이다. 볏짚으로 방석을 만들려면 볏짚을 물에 축여 한 시간쯤 지난 뒤 새끼를 꼬아 엮어 만든다. 방석은 볏짚의 줄기에 공기층이 많아 바람이 잘 통하고 푹신한 특성을 이용했다. 습기를 빨아들여 항상 뽀송뽀송한 볏짚의 특성도 이용했다.

♣45쪽

7. 예시 답안

빠르고 편리함만 추구하는 현대의 소비 생활은 환경 문제를 일으키고 있다. 현대 사회에서는 많은 물건이 공장에서 만들어진다. 한 번 쓰고 버릴 수 있도록 편리하게 만들어져 굳이 다시 쓰지 않아도 된다. 편리한 소비 생활은 생활 폐기물이 늘어나는 원인이 되었다. 폐기물의 대부분은 자연을 훼손하고 사람의 건강도 위협한다. 환경 문제가 나오면서 쓰고 난 물건을 재활용하는 사람도 늘고 있지만 재활용률은 30퍼센트를 밑돈다. 우리 조상의 짚 문화는 자연에서 자란 것을 사용하고 되살려 쓰는 일이 중요함을 알려 준다. 조상들은 농사를 짓고 남은 짚들을 모아 농기구를 만들고, 생활 용구를 만들었다. 쓰다 낡으면 쓰레기와 한데 모아 거름을 만들어 흙으로 돌려보냈다. 지구에서 얻을 수 있는 자원은 한정되어 있다. 짚 문화가 보여주듯 자원을 절약하고 되살려 쓰는 자세를 가져야 한다. 이런 자세는 자연을 오염시키지 않고 사람들의 건강도 지키는 길이다.

05. 『미디어는 왜 중요할까요?』

♣51쪽

1. 예시 답안

▶ 미디어가 없으면 생활에 필요한 다양한 정보를 얻기 어렵다. 미디어가 있으면 내가 사는 동네의 날씨도 금방 알 수 있고, 마음만 먹으면 신문이나 인터넷을 보면서 관심 있는 사건을 자세하게 살펴볼 수 있다. 또 많은 사람이 미디어를 통해 실시간으로 정보를 쉽게 주고받을 수 있다.

▶ 미디어가 없으면 여유로운 시간을 더 많이 즐길 수 있다. 미디어에는 좋은 정보도 있지만 나쁜 정보도 있다. 미디어가 제공하는 오락거리에 빠져 많은 시간을 허비할 수도 있다. 미디어가 없으면 남는 시간을 친구와 놀거나 가족과 대화하는 데 쓸 수 있다. 책을 읽거나 공부하는 데 더 많은 시간을 사용할 수도 있다.

2. 예시 답안

인쇄술 덕분에 같은 내용의 책을 한 번에 여러 권 펴낼 수 있게 되었다. 인쇄술이 발전하지 않았을 때에는 소수의 지배층과 전문가들이 지식과 정보를 독점했다. 그런데 인쇄술이 발전하자, 많은 사람이 책을 통해 새로운 지식과 정보를 접할 수 있게 되었다. 그래서 신문과 잡지 등 미디어도 발전하게 되었다.

♣52쪽

3. 예시 답안

미디어가 공정하고 객관적으로 보도하지 않으면 사람들에게 피해를 줄 수 있다. 잘못된 보도는 사람들의 판단을 흐리게 하고 잘못된 여론을 만든다. 이렇게 되면 사회 갈등을 불러일으키고 민주주의의 발전을 가로막는다.

4. 예시 답안

▶ 건강 보조 식품 제조업체가 물엿과 캐러멜 색소가 섞인 홍삼 제품을 100퍼센트 홍삼 농축액으로 과대 광고를 하며 이익을 챙겼다.

▶ 과대 광고는 소비자의 상품 선택을 그릇되게 해서 소비자에게 피해를 준다. 또 경쟁 회사의 고객을 빼앗아 감으로써 이익을 해치게 만든다. 광고의 사회적 신뢰도 떨어뜨린다.

♣53쪽

5. 예시 답안

▶ 찬성 : 방송에서는 공공의 이익을 위해 봉사할 의무가 있다. 따라서 방송에서 범죄 행위를 보도해 국민에게 널리 알리고 토론할 수 있도록 해야 한다. 몰래 찍는 방송물도 표현의 자유를 실현하는 수단으로 봐야 한다. 표현의 자유에는 취재의 자유, 기사 작성의 자유, 출판의 자유, 배포의 자유도 포함되기 때문이다.

▶ 반대 : 미디어는 뉴스를 취재하고 보도할 때 인권을 지키고, 법적으로 문제가 없이 활동해야 한다. 그런데 몰래카메라 사용 자체가 불법일 뿐만 아니라, 취재 대상의 인격권을 침해한다. 사회의 잘못된 점을 캐내고 국민의 알 권리를 지키는 일도 좋고, 표현의 자유도 중요하다. 하지만 법을 지키는 범위에서 취재해야 한다.

♣54쪽

6. 예시 답안

▶ 미디어 회사 : 미디어의 힘을 함부로 사용하지 않도록 노력해야 한다. 어떤 내용을 보도하기 전에 취재한 내용이 맞는지 확인하는 과정을 거친다. 모든 사람에게 공정한 내용을 다루고, 미디어 회사의 이익을 위해 한쪽으로 치우친 내용을 내보내지 말아야 한다.

▶ 개인 : 미디어의 특성과 영향력을 잘 파악하고, 미디어가 보여 주는 정보 가운데 옳은 것과 그른 것을 구별할 수 있는 힘을 키워야 한다. 너무 미디어에만 빠지지 않도록 절제하는 습관도 중요하다.

▶ 학교 : 미디어의 중요성과 미디어의 이용 방법을 알려 준다. 미디어를 평가하거나 제작하는 동아리, 학교 홈페이지나 교내 신문 평가단 같은 활동을 통해 미디어의 기능이 올바로 이뤄지는지도 살피게 한다.

▶ 정부 : 법과 제도, 기관과 단체 등을 통해 미디어를 평가하고 감시하는 활동을 한다. 시민 단체에서 방송 모니터와 미디어 교육을 실시

초등학생 문해독서 중급 3호 답안과 풀이

하도록 권장하고 도울 수도 있다. 미디어의 잘못된 보도로 인한 분쟁을 해결하는 언론중재위원회 같은 기구의 역할도 강화한다.

♣55쪽
7. 예시 답안

텔레비전이나 컴퓨터 등의 미디어를 지나치게 많이 소비하면 미디어 중독에 빠질 수 있다. 이렇게 되면 사회성이 약화되고 건강에도 문제가 생긴다. 인터넷이나 스마트폰에 집중하느라 또래와 가족 관계 등의 대인 관계도 해칠 수 있다. 잠을 제대로 자지 못해 학업에도 걸림돌이 된다. 사고력과 기억력, 시력에도 나쁜 영향을 미칠 수 있다. 생활에서 미디어 기기의 사용을 적절히 조절하는 습관을 들이는 일이 무엇보다 중요하다. 식사 시간이나 대화 시간, 학교나 학원 수업 시간에는 미디어 사용을 되도록 자제할 필요가 있다. 미디어를 사용할 때 눈과 목, 어깨에 무리가 가지 않게 바른 자세로 하고 사용하는 습관을 들여야 한다. 자신에게 필요한 정보를 찾아 도움이 되도록 활용하는 일도 중요하다.

06. 『변호사 엄마가 딸에게 들려주는 법과 사회 이야기 세빈아, 오늘은 어떤 법을 만났니?』

♣61쪽
1. 예시 답안
- 학교 앞 신호등의 교통 신호를 지킨다.
- 횡단보도로 안전하게 건넌다.
- 인도에서는 우측으로 통행한다.
- 쓰레기를 함부로 버리지 않는다.
- 나무나 꽃을 함부로 꺾지 않는다.
- 동물을 괴롭히지 않는다.

2. 예시 답안

자신의 이익만 생각해서 법이나 규칙을 지키지 않으면 다른 사람들이 불편을 겪을 수 있고, 사고가 날 수도 있다. 법을 지키며 살아야 사회 질서가 유지되고, 편안하고 안전하며 행복한 삶을 누릴 수 있다. 개인을 위해, 나아가 우리 사회와 국가를 위해 법을 잘 지키는 정신을 가져야 한다.

♣62쪽
3. 예시 답안
- 공부를 못한다고 놀린다/키가 작거나 뚱뚱하다고 놀린다/내 마음에 들지 않는다는 이유로 친구를 따돌린다 등.
- 사람은 나이, 성별, 피부색 등에 상관없이 누구나 사람으로 존중을 받고 행복하게 살 권리가 있다. 다른 사람의 인권을 존중하는 일은 자신의 인권을 보장 받기 위해서도 중요하다.

4. 예시 답안
- 급식 시간에 줄을 서서 차례를 지킨다.
- 급식을 할 때 먹을 만큼만 적당히 덜어 먹는다.
- 교실에 쓰레기를 버리지 않는다.
- 앞자리 친구의 머리카락을 잡아당기지 않는다.
- 학급 물품을 소중히 다룬다.
- 책상에 낙서한 사람은 반 친구들 책상을 전부 닦는다.

♣63쪽
5. 예시 답안

법이 있는데도 권력 있는 사람이 자기 마음대로 할 경우 힘없는 사람은 억울하게 당할 수밖에 없다. 사회 질서도 무너질 것이다. 결국 사람들 사이에 다툼이 생겼을 때 힘이 약한 사람은 힘이 센 사람에게 질 수밖에 없고, 사회 구성원 간의 신뢰가 사라져 사회가 혼란에 빠질 수도 있다. 또 자신이 노력한 만큼 보상을 받지 못하므로 누구도 열심히 일하려고 하지 않을 것이다.

♣64쪽
6. 예시 답안

- 잘못 만들어진 법도 지켜야 한다 : 법은 정의를 실현하기 위해 만들었다. 양심에 따르는 도덕과 달리 사회의 질서를 유지하기 위해 꼭 지켜야 하는 약속과 같은 것이다. 그리스의 철학자인 소크라테스(기원전 470?~기원전 399)는 '악법도 법'이라고 말하며 독약을 마셨다. 아무리 잘못된 법도 공동체 질서를 유지하기 위해서는 지켜야 한다는 뜻이다. 법에 대한 평가는 사람마다 다를 수밖에 없다. 그런데 이를 핑계로 법을 제대로 지키지 않으면 사회는 안정을 유지하기 힘들다. 법이 잘못되었다면 무시하고 어기기보다는 정당한 절차를 거쳐 바꾸는 게 바람직하다.

- 잘못 만들어진 법은 지키지 않아도 된다 : 법은 사회 정의를 실현하기 위해 존재하는 수단이다. 따라서 사회 정의에 맞지 않은 법은 지킬 게 아니라 고쳐야 한다. 옛날에도 잘못된 법이나 정의롭지 못한 정책을 바로잡기 위해 자발적으로 거부하거나 어긴 사례가 있다. 미국의 마틴 루터 킹(1929~68) 목사는 흑인을 차별하는 법률을 거부하는 시민 운동을 펼쳤다. 사회적으로 목소리를 내기 어려운 약자들은 자신에게 불리한 법을 정당한 절차에 따라 바꾸기도 어렵다. 따라서 이를 거부하는 시민 운동을 통해 법을 고치고 사회 정의를 바로 세울 수 있다.

♣65쪽
7. 예시 답안

거리에서 걸어가며 스마트폰을 사용하는 사람이 늘면서 교통 사고가 급증하고 있습니다. 한 연구소의 연구에 따르면 휴대전화를 보면서 걷다가 교통 사고를 당하는 사례는 갈수록 늘어난다고 합니다. 스마트폰을 들여다보며 걸어 다니면 스마트폰에 집중하는 동안 주변의 다른 보행자나 차량을 알아채는 감각이 떨어질 수밖에 없습니다. 그런데도 도로교통법에서는 횡단보도에서조차 스마트폰 사용을 금지하는 규정을 따로 정하지 않아 개선이 필요합니다. 미국의 하와이에서는 길거리나 차도에서 스마트폰을 보면서 걸으면 벌금을 물리는 법을 만들었다고 합니다. 우리나라도 하루 빨리 새로운 규정을 만들어 횡단보도에서 스마트폰 사용의 부작용을 줄여야 합니다.

초등학생 문해독서 중급 3호 답안과 풀이

07. 『가정 통신문 소동』

♣71쪽

1. 예시 답안
 학교에서 실시하는 대회를 준비하거나 시험 공부를 하려고 학원에 가야 했기 때문에 재미없고 힘든 주말을 보냈을 것이다.

2. 예시 답안
 이상이 아빠처럼 여럿이 함께 놀러간 곳에서 혼자만 다른 행동을 하면, 나머지 가족의 기분이 나빠진다. 그래서 다음에 놀러 갈 때에는 함께 가지 않겠다는 생각을 할 수도 있다. 또 아이들이 아빠를 따분한 사람으로 기억해 가족 소통에도 방해가 되고, 가족 사이에 마음의 벽이 생길 수 있다.

♣72쪽

3. 예시 답안
 얘들아, 너희들 말대로 내가 먼저 가짜 가정 통신문을 만들자고 한 건 맞아. 하지만 너희들 가운데 내 의견에 반대한 사람은 아무도 없었어. 모두 재미있을 것 같다고 했고, 가짜 가정 통신문 덕분에 즐거운 주말을 보내 계속 함께했던 거잖아. 그런데 이제 와서 잘못이 나에게만 있다고 하니 서운한 마음이 들어.

4. 예시 답안
 학교에서 보내는 가정 통신문은 대개 대회 소식과 행사 소개처럼 학교에서 알리는 소식을 일방적으로 전달하기 때문에 아이들이 지루하게 느꼈다. 학생들은 일방적인 소통 방식이 아니라 함께 하는 소통 방식을 원한다. 학생도 참여해 의견을 나누고 좋은 의견을 받아들이기를 원한다. 또 학생들의 느낌을 나누고 서로 공감하기를 원한다.

♣73쪽

5. 예시 답안
 학생들이 만든 가짜 가정 통신문처럼 놀이동산에 다녀오기 등 즐거운 내용만 있을 경우, 부모님께 알려야 할 소식이 빠져서 문제가 된다. 그리고 놀이 공원에 가는 과제가 주어졌을 경우 어떤 학생은 돈이 없어 마음이 다칠 수도 있다. 부모가 맞벌이를 할 경우 가족 모두 참여하기도 어렵다. 따라서 가정 통신문에는 학교 소식 등 지루한 내용도 담되, 돈이 안 들면서도 가족끼리 소통하는 데 도움이 되는 과제가 들어가는 것이 바람직하다. 그리고 학생들이 자기 미래를 탐색하는 데 도움이 되는 내용을 주면 더욱 좋다.

♣74쪽

6. 예시 답안
 목적이 좋아도 목적을 이루기 위한 수단이 나빠서는 안 됩니다. 예를 들어 어떤 학생이 용돈을 모아 매월 가난한 나라의 어린이 1명에게 도움을 주고 있습니다. 그런데 어느 날 더 많은 어린이를 돕고 싶어서 부모님의 돈을 훔쳤습니다. 이렇게 되면 누군가를 돕는 목적은 좋지만, 실천 방법은 옳지 않습니다. 아무리 좋은 일을 해도 법에 맞지 않는 수단을 사용하면 다른 사람에게 해를 입히게 됩니다. 그리고 그런 습관이 들면 나중에 더 큰 잘못을 저지를 수도 있습니다.

♣75쪽

7. 예시 답안
 다른 사람과 소통할 때 가장 필요한 것은 다른 사람의 마음을 읽는 능력이다. 소통을 잘하려면 자기 생각을 말하는 것보다 상대방의 마음을 이해하는 일이 더 중요하다. 그래야 상대방의 마음에 맞추어 내 생각을 더 효과적으로 전달할 수 있다. 그런데 나는 상대의 마음을 살피지 못하고 내 생각만 이야기하기에 바쁜 적이 많다. 앞으로는 다른 사람의 마음을 읽는 능력을 키우기 위해 주의 깊게 경청하는 태도를 기르겠다. 상대방이 하는 말 한마디도 놓치지 말고 표정과 반응까지 세심하게 살피겠다. 또 상대의 생각이 내 마음에 들지 않아도 왜 그런 생각을 하는지 이해하기 위해 노력하겠다. 따라서 내 생각만 고집하지 말고 상대방과 입장을 바꾸어 생각하는 습관을 들이겠다.

08. 『최기봉을 찾아라!』

♣81쪽

1. 예시 답안
 ▶ 나에게 가장 무관심했던 선생님과 드리고 싶은 선물 : 2학년 때 담임 선생님께 달콤한 초콜릿을 드리고 싶다.
 ▶ 선물에 함께 넣을 화해의 쪽지 : "지난해에 선생님 반 학생이었던 행복이에요. 선생님과 한 해를 지내면서 늘 즐겁지만은 않았어요. 선생님께서 저에게 관심이 없으신 것 같아 섭섭하기도 했어요. 하지만 많은 아이를 정성껏 보살피는 일이 매우 어렵다는 사실을 깨닫게 됐어요. 아이들이 잘 느끼지 못해도 선생님께서는 항상 아이들을 걱정하는 마음이 크다는 것도 알게 됐어요. 그동안 망설이다가 용기를 내어 봅니다. 초콜릿을 맛있게 드시고 활짝 웃으시는 모습을 보고 싶어요. 선생님, 사랑해요!"

2. 예시 답안
 ▶ 선생님과 학생들 사이가 멀어진다.
 ▶ 반 분위기가 나빠진다.
 ▶ 학생들이 선생님의 설명을 듣지 않아 공부를 제대로 할 수 없다.
 ▶ 학생들이 선생님의 말씀을 잔소리로 여기고 잘 듣지 않는다.
 ▶ 학생들이 선생님을 존경하지 않는다.

♣82쪽

3. 예시 답안
 증거 없이 아이들을 의심하는 일이 바람직하지 못하다고 판단했다. 또 혼자 끙끙 앓는 것보다는 함께 범인을 찾아내는 게 더 낫다고 생각했기 때문이다.

4. 예시 답안
 ▶ 반 아이들의 이름을 기억하고 불러 준다.
 ▶ 아이들과 웃으며 인사한다.
 ▶ 아이들과 말할 때 눈을 마주 본다.
 ▶ 아이들이 칭찬을 받을 일을 하면 머리를 쓰다듬어 준다.
 ▶ 아이들이 꾸지람을 들을 일을 했을 때는 따로 불러 조용히 타이른다.

♣83쪽

5. 예시 답안

　유보라 선생님은 자기와 닮은 공주리를 보고 안쓰러웠다. 나쁜 마음에서 도장을 가져가지 않고 선생님에게 관심을 받고 싶어서 가져갔음을 알았기 때문이다. 그래서 범인임을 밝히고 야단을 치기보다는 스스로 해결할 수 있도록 시간을 주었다. 내가 유보라 선생님이라면 용기를 내지 못하는 공주리와 함께 최기봉 선생님을 뵈러 가겠다. 누군가 함께 가면 혼자 가서 말할 때보다 더 용기를 낼 수 있다.

♣84쪽

6. 예시 답안

　공주리가 몰래 최기봉 선생님의 도장을 가져가 학교 곳곳에 찍은 행동은 잘못입니다. 하지만 공주리를 심하게 꾸짖지는 말아야 합니다. 공주리는 평소 걸레질을 열심히 했습니다. 최기봉 선생님이 자기를 봐 주기 바라는 마음이 컸기 때문입니다. 하지만 선생님은 아이들에게 관심이 없었고, 공주리의 마음도 헤아리지 못했습니다. 선생님이 아이들에게 좀 더 관심을 가졌더라면 공주리가 도장을 몰래 가져가는 일은 일어나지 않았을 것입니다. 공주리는 자기 행동이 잘못된 사실을 알고 있습니다. 반성도 하고 있지요. 사실을 밝혀야겠다고 다짐했지만 때를 놓쳤을 뿐입니다. 그러니 공주리를 꾸짖기보다는 그 마음을 이해하고 따뜻하게 보듬어 주어야 합니다.

♣85쪽

7. 예시 답안

　선생님이 학생들과 가까워지고 모범이 되려면 학생들에게 관심을 가져야 한다. 선생님의 관심이 학생을 자라게 하기 때문이다. 형식이가 남들에게 말하기를 꺼리는 비밀을 갖고 있었듯이, 학생들의 마음에는 남들에게 선뜻 꺼내지 못하는 이야기가 있다. 선생님이 관심을 가지고 이런 이야기를 들어 준다면 학생들은 선생님을 믿고 따를 것이다. 학생들에게 따뜻한 마음을 표현하는 일도 중요하다. 사랑은 표현할 때 효과가 더 커진다. 이름을 기억하고 불러 주거나 눈이 마주치면 활짝 웃어 주는 등 작은 행동에도 학생들은 선생님의 정을 느낄 수 있다. 이명숙 선생님이 홍보근 선생님을 보면서 교사의 꿈을 키웠던 일처럼, 선생님의 정을 느낄 때 학생은 자신의 삶을 사랑하고 앞날의 꿈도 키울 수 있다.

09. 『소크라테스 아저씨네 축구단』

♣91쪽

1. 예시 답안

　소크라테스 감독은 아이들이 축구를 공을 차는 운동이라고만 생각하는 고정 관념을 깨고, 축구를 통해 남을 배려하는 마음과 공동체 정신을 가르쳐 주기 위해 '축구가 무엇일까?' 하고 물었다. 내가 최재혁이라면, '축구는 친구들과 친하게 지낼 수 있는 도구'라고 말할 것이다.

2. 예시 답안

　동연아, 너는 새 축구화를 신고 뛰면 기분이 좋지? 하지만 몇 번 신고 나면 그 기분이 사라지는 것을 느낄 거야. 축구화를 자주 사면 돈도 낭비되고, 경기에서 항상 이기는 것도 아니잖아. 축구를 할 때 중요한 일은 도구가 아니라, 마음가짐이라는 사실을 알았으면 좋겠어.

♣92쪽

3. 예시 답안

　공동체 생활을 할 때 자기 이익만 위해 행동하면, 다른 사람들의 마음을 불편하게 하고, 인간 관계를 나쁘게 만들 수 있다. 예를 들어, 축구할 때 무슨 수를 써서라도 이기기만 하면 된다는 생각을 한다면, 다치는 사람이 생길 수 있다. 경기 중에 다치는 사람이 생기면 기분이 좋을 리 없다. 다친 사람이 친구인 경우 관계가 나빠질 수 있다. 또 그러한 장면을 지켜본 사람들도 좋게 생각하지 않을 것이다.

4. 예시 답안

　심판 모르게 반칙하지 않겠다. 경기에서 이기는 일도 중요하지만 정정당당하게 승부를 겨루는 페어플레이 정신이 더 중요하기 때문이다. 페어플레이는 도덕적으로 올바른 행동이다. 따라서 반칙은 비도덕적인 행동임을 알아야 한다.

♣93쪽

5. 예시 답안

　주어진 <상황>에서 아영이는 화장실 청소를 해야 한다. 그런데 갑자기 아파서 청소할 수 없게 되었다. 과거의 동연이가 이 모습을 보았다면, 아영이의 일이니 자신이 신경 쓸 일이 아니라고 생각해서 모른 처했을 것이다. 하지만 (마)의 동연이라면 오늘은 자신이 화장실 청소를 대신해 줄 테니 다음에 자기가 화장실 청소를 하게 되면 그때 대신해 달라고 말할 것이다. 규칙은 공동체에서 구성원 모두 지키기로 한 약속이다. 규칙을 정한 목적은 공동체 생활을 하면서 구성원이 일방적으로 피해를 보지 않게 하고, 공동체 전체의 질서를 지키기 위해서다. 그런데 모든 규칙을 정해진 그대로 지켜야만 하는 것은 아니다. 규칙을 정해진 그대로 지키면 오히려 구성원에게 피해를 주는 일도 있기 때문이다. 이럴 때에는 융통성을 발휘해 질서를 무너뜨리지 않는 범위에서 임시로 규칙을 바꾸어 적용할 필요가 있다.

♣94쪽

6. 예시 답안

　참다운 용기는 어려운 환경에 꺾이지 않고 자신을 지키고 키워 나가는 일이다. 예를 들어 보복을 당할까 봐 학교 폭력을 당하는 사실을 숨기는 친구에게 용기를 내서 선생님이나 부모님께 이야기하도록 격려할 수 있다. 학교 폭력을 저지르는 친구들에게 맞서면 나도 보복을 당할 수 있다. 하지만 상황이 어려워도 올바른 일을 할 수 있어야 자신을 지키고 키울 수 있다. 따라서 보복을 당할 위험이 있어도 학교 폭력을 당하는 친구를 돕기 위해 노력해야 한다.

♣95쪽

7. 예시 답안

　학교나 집에서 공동체 생활을 하면 마음대로 할 수 없는 일이 많다. 여럿이 함께 지내기 때문에 서로 기분을 살피면서 기분 좋게 생활할 수 있도록 도와야 한다. 그런데 나는 집에서 어리다는 이유로 집안일

초등학생 문해독서 중급 3호 답안과 풀이

도 전혀 하지 않았고, 학교에서는 재미있다는 이유로 친구들에게 장난을 자주 쳤다. 이런 행동이 부모님이나 친구들을 힘들게 한다는 사실을 알았고, 바른 습관을 기르도록 노력해야겠다. 내가 할 수 있는 집안일부터 찾아서 해야겠다. 엄마가 저녁 준비를 할 때 돕거나, 빨래를 개야겠다. 또 학교에서는 친구들에게 함부로 장난을 치지 않겠다. 장난을 치고 싶은 마음이 들 때마다 상대의 기분이 어떨지 생각해서 참겠다. 이런 다짐을 잊지 않도록 잘 보이는 곳에 적어 두고 실천할 생각이다.

10. 『해리엇』

♣101쪽

1. 예시 답안

전학을 가거나 직장을 새로 얻는 등 낯선 환경에 놓이면 어떤 일이 벌어질지 몰라 두려움을 느낀다. 자신이 어려움에 빠져도 도움을 받지 못할 수 있다는 불안감도 생긴다. 이런 경우 다른 사람이 먼저 다가오기를 기다리지 말고, 먼저 다가가서 인사를 나누면 좋다. 첫인상이 좋으면 호감을 얻어 구성원들과 더 빨리 친해질 수 있다.

2. 예시 답안

스미스처럼 새로운 구성원을 폭력적으로 대하면 찰리와 동물원 친구들은 겁을 잔뜩 먹고 마음대로 움직이지도 못할 것이다. 이런 일이 반복되면 찰리와 동물원 친구들이 스트레스를 받아 폭력적으로 변할 수 있다. 그러면 사육사가 동물을 철저하게 관리하게 되므로, 자유가 사라져서 동물들은 행복하지 않을 것이다.

♣102쪽

3. 예시 답안

폭력은 문제를 해결하는 데 도움이 되지 않고, 오히려 더 큰 폭력을 부를 수 있다. 그러면 질서가 무너져 공동체를 유지할 수 없다. 힘센 사람이 약자가 노력해 번 돈을 빼앗고, 자기 마음에 안 든다고 때릴 수도 있다. 힘이 약한 사람을 데려다 마음대로 부려먹을 수도 있다. 이렇게 되면 공동체의 질서는 무너지고 범죄가 들끓게 되며, 사회 발전을 기대할 수 없다.

4. 예시 답안

공동체 생활을 하면서 나와 생각이 다르거나 이익을 나눠야 할 때 편 가르기를 하면 갈등이 생긴다. 예를 들어 같은 학교나 같은 지역 출신끼리 편을 먹고, 부유한 사람이 가난한 사람을 상대하지 않으면 다툼이 생긴다. 화합이 깨져서, 힘을 합쳐야 할 문제를 해결할 수도 없게 된다.

♣103쪽

5. 예시 답안

찰리는 스미스를 도우러 갔다가 개코원숭이들에게 물려 죽을 수도 있어 걱정이 되었지만 용기를 냈다. 구교돈 씨도 목숨을 걸고 불이 난 건물에 들어가 사람들에게 대피하라고 소리를 치고 소화기로 불을 꺼서 많은 사람을 구했다. 찰리와 구교돈 씨처럼 위험을 무릅쓰고 의로운 일을 한 사람은 공동체에서 보상하고 존경해야 마땅하다. 그래야 다른 사람들이 그에게서 본받을 점을 알고 배울 수 있기 때문이다. 이렇게 되면 의로운 사람이 늘어나 더욱 살기 좋은 사회가 된다. 반대로 의로운 일을 한 사람을 보상하지 않고 모른 척하면, 위험을 무릅쓰고 다른 사람을 도울 사람이 줄어든다.

♣104쪽

6. 예시 답안

사람은 누구나 꿈을 가지고 산다. 나에게도 평생 이루고 싶은 꿈이 있었다. 하지만 나는 그 꿈을 이루지 못했다. 그렇다고 내 삶이 불행한 것은 아니다. 꿈을 위해 노력하며 살았던 시간이 나를 더욱 성장시켰기 때문이다. 빛나는 삶이었고 후회도 없다. 나는 삶에서 가장 중요한 일이 '어제보다 성장하는 것'이라고 생각한다. 자기 꿈을 이루면 좋겠지만, 대다수는 꿈을 이루지 못한 채 전혀 다른 삶을 산다. 따라서 날마다 조금씩 발전하면 된다. 그런 삶은 꿈을 이루지 못해도 실패한 삶은 아니다. 부끄러워해야 할 점은 꿈을 포기하거나 꾸지 않는 것이다. 꿈이 없는 사람은 자기 발전이 없기 때문에 성장이 없다. 부디 나의 유언을 마음에 새기길 바란다.

♣105쪽

7. 예시 답안

나는 인생의 마지막 날에 후회하지 않는 삶을 살고 싶다. 따라서 주어진 삶을 가치 있게 살아야 한다. 해리엇이 다른 동물들을 살피고 큰 사랑을 베풀며 살았듯, 나도 주변 사람들에게 친절을 베풀고 봉사하는 삶을 살겠다. 나의 말버릇과 행동부터 고칠 것이다. 가족이나 친구들이 편하다고 해서 농담을 하는 등 말을 함부로 하지 않을 것이다. 또 내 일을 다른 사람에게 미루지 않고 스스로 하겠다. 앞으로 따돌림을 당하거나 오해를 받는 등 힘든 상황에 놓인 친구들을 보면 주저하지 않고 돕겠다. 나아가 가족이나 친구, 이웃을 돕는 일을 찾아 내 일처럼 하겠다. 이렇게 하면 언제나 다른 사람들에게 환영을 받을 수 있을 것이다. 지금 이 시간이 두 번 다시 오지 않는다는 사실을 기억하고, 친절을 베풀고 봉사하는 삶을 살겠다는 약속을 꼭 지키는 사람이 되겠다.

11. 『돈키호테』

♣111쪽

1. 예시 답안

착한 사람들이 고통 받지 않도록 해 주고 싶었다. 그래서 세상의 모든 잘못된 점을 고치고, 불의에 고통을 당하는 사람들을 구하려고 했다.

2. 예시 답안

중세의 기사도 정신을 비웃어 주려고 했다. 시대는 변하고 기사도 정신은 낡았는데도, 사람들은 여전히 기사와 공주가 나오는 이야기에 젖은 나머지 환상에 빠져 있었기 때문이다.

초등학생 문해독서 중급 3호 답안과 풀이

♣112쪽

3. 예시 답안
- 생각보다 행동이 앞선다.
- 비현실적이고 앞뒤 가리지 않는다.
- 열정을 가지고 도전한다.
- 실패를 두려워하지 않는다.
- 좋은 세상을 만들기 위해 불확실하고 불완전한 세계에 도전한다.

4. 예시 답안
- 나는 돈키호테형이다. 어떤 상황이 닥쳤을 때 침착하게 분석하거나 살펴보지 않은 채 맞서겠다고 덤벼들기부터 하기 때문이다.
- 나는 햄릿형이다. 생각만 하다가 행동으로 옮기지 못하는 일이 많기 때문이다.

♣113쪽

5. 예시 답안
- 현실과 상상의 세계를 구분하지 못하는 점.
- 깊이 생각하고 판단하는 능력이 부족한 점.
- 현실을 정확하게 판단하지 못하고 함부로 행동하는 점.

♣114쪽

6. 예시 답안

돈키호테는 이런 점이 바람직해요
넘어지고 나셔도 꺾이지 않는 도전 정신을 발휘한다.
자신의 미래를 스스로 개척한다.
불의를 보면 참지 못하는 정의로운 마음이 강하다.

♣115쪽

7. 예시 답안
　돈키호테는 어떤 어려움에도 주저하지 않고 당당하게 맞섭니다. 목표를 정하면 과감하게 실천하고 실패해도 다시 도전하는 용기를 보여 줍니다. 돈키호테의 용기와 당당한 자세를 본받고 싶습니다. 이번 학기에 꼭 도전하고 싶은 목표는 두 발 자전거 타기입니다. 친구들과 함께 자전거를 타며 놀고 싶지만 그렇게 하지 못합니다. 1학년 때 두 발 자전거를 배우다 넘어져 다치는 바람에 자전거 타기를 배우지 못했기 때문입니다. 학교 자전거 동아리에 들어서 자전거 타는 방법과 자전거 사고 예방법을 배우겠습니다. 학교에서 돌아온 뒤에는 매일 30분씩 자전거 타는 연습을 하겠습니다. 자전거를 잘 타기 위해 안전하게 넘어지는 방법도 익히겠습니다. 자전거 안전 운전 인증 시험도 통과해 인증서도 받겠습니다.

12.『수상한 아이가 전학 왔다!』

♣121쪽

1. 예시 답안
　토미는 방한모를 자신의 정체를 숨길 수 있는 안전한 대상이자 몸에 익숙해진 편안한 대상으로 생각한다. 이에 비해 토미의 반 친구들은 낯설고 두려운 경계의 대상으로 생각한다. 따라서 서로 다른 둘이 만나 갈등이 빚어지고 있다.

2. 예시 답안
　주류인 자기들과 다른 토미를 그대로 인정하거나 존중하지 않고, 강제로 자기네 세력권으로 끌어들여 같게 만들거나 몰아내겠다는 요구가 담겨 있다.

♣122쪽

3. 예시 답안
　방한모를 쓴 토미는 주류인 반 친구들과 다르기 때문에 차별의 대상이 될 수 있다. 그런데 자기네와 다른 토미에게 다가가서 평등한 관계 맺기를 통해 '우리' 안으로 받아들이려고 한 점을 토미네 반 친구들에게 본받을 수 있다. 이렇게 되면 결국 그 집단은 다양성이 풍부해져서 발전할 수 있다. 약자를 배려하는 모습에서는, 서로 다른 사람들이 어울려 살아가려면 무엇이 필요한지도 알 수 있다.

4. 예시 답안
　익명 뒤에 숨으면 누구인지 모르기 때문에 책임감이 약해져서 거짓말을 하거나 언어 폭력을 저지를 수 있다. 인터넷의 경우 자기 이름을 밝히지 않고 악플을 달 수 있기 때문에 사이버 폭력을 저지르기 쉽다. 그리고 다른 사람을 골탕 먹이는 가짜 뉴스를 올릴 수 있다.

♣123쪽

5. 예시 답안
　사람이 공동체 생활을 하려면 다른 사람과 관계를 맺어야 한다. 그런데 소수자의 경우 대개 자신감을 잃기 때문에, 다른 사람과 관계 맺기가 두려워진다. 그래서 자신의 약점을 숨기거나 아예 관계를 끊은 채 숨고 싶어 한다. 이러한 상황에서는 소수자들에게 용기가 없다거나 소극적이라고 비난하면, 더욱 위축되어 관계 맺기를 두려워하고 좌절하게 된다. 따라서 숨고 싶은 마음을 그대로 긍정해 주고, 편안한 마음을 갖게 해 주어야 한다. 그래야 스스로 긍정하는 마음을 갖고 회복 탄력성이 생겨 자기 몫을 하면서 살 수 있다. 토미가 스스로 방한모를 벗은 것처럼 말이다.

♣124쪽

6. 예시 답안
　"폭력적인 5학년 선배들과 배려심이 깊은 토미네 반 친구들이 어느 날 방한모를 쓴 채 전학 온 토미의 방한모를 누가 벗길 수 있는지를 놓고 내기를 했습니다. 5학년 선배들이 토미에게 방한모를 벗으라고 윽박질렀지만 말을 듣지 않자, 북풍이 큰소리를 치며 세차게 바람을 날리듯 주먹을 날렸습니다. 하지만 폭력이 강해질수록 토미는 겁에 질려 방한모를 움켜쥐고 놓지 않았습니다. 이번에는 반 친구들이 나서서 태양이 나그네의 주위를 밝고 따스하게 비추듯, 괴롭힘을 당하는 토미를 감쌌습니다. 그리고 자기들도 토미의 편이 되어 방한모를 함께 썼습니다. 그러자 토미는 경계를 풀고 감동해서 결국 방한모를 벗었습니다."

 초등학생 문해독서 중급 3호 답안과 풀이

♣125쪽

7. 예시 답안

　행운이는 다문화가정 출신이라는 이유만으로 학교에서 괴롭힘을 당하다가 등교를 거부했다. 하지만 교사나 학생들은 행운이를 품어 안을 생각이 없다. 행운이를 그대로 두면 학교를 그만두게 되어 더 이상 교육을 받지 못한다. 이렇게 되면 자존감이 약해지고 생산성이 자기 발전을 꾀하거나 사회에 기여하기 어렵게 된다. 그리고 사회에 적응하기 어려워 범죄를 일으킬 가능성도 커진다. 피부색이 다르거나 한국어가 어눌하다고 차별의 이유가 된다면, 세상에는 차별을 당하지 않을 사람이 없다. 토미네 반 친구들은 자기들과 다른 토미를 그대로 존중하면서 평등하게 다가가 새로운 '우리'를 만들었다. 다르다는 이유로 구성원을 밀어내면 그 집단은 다양성이 부족해 발전하기 어렵다. 토미네 반 친구들의 지혜가 행운이의 문제를 해결하는 데 필요하다.